"中国减贫奇迹的贵州路径"丛书

李　建 ／ 主编

李　裴　陈朝伦 ／ 执行主编

六个转变：
以十二个产业为重点
振兴农村经济的贵州新路

LIUGEZHUANBIAN:
YI SHIERGE CHANYE WEI ZHONGDIAN ZHENXING NONGCUNJINGJI DE GUIZHOUXINLU

赵雪峰　／ 本册主编

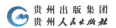

贵州出版集团
贵州人民出版社

图书在版编目（CIP）数据

　　六个转变：以十二个产业为重点振兴农村经济的贵
州新路 / 赵雪峰主编. -- 贵阳：贵州人民出版社，
2021.8
　　（中国减贫奇迹的贵州路径丛书）
　　ISBN 978-7-221-16612-8

　　Ⅰ.①六… Ⅱ.①赵… Ⅲ.①农村经济发展—研究—
贵州 Ⅳ.①F327.73

　　中国版本图书馆CIP数据核字(2021)第140665号

"中国减贫奇迹的贵州路径"丛书

李　建 ◎主编
李　裴　陈朝伦 ◎执行主编

六个转变：以十二个产业为重点振兴农村经济的贵州新路
LIUGEZHUANBIAN:YI SHIERGE CHANYE WEI ZHONGDIAN ZHENXING NONGCUNJINGJI DE GUIZHOUXINLU

赵雪峰　◎本册主编

出　版　人　　王　旭
策 划 编 辑　　谢丹华
责 任 编 辑　　谢丹华　杨　琴
装 帧 设 计　　陈　电
出 版 发 行　　贵州出版集团 贵州人民出版社
地　　　址　　贵州省贵阳市观山湖区会展东路SOHO办公区A座
邮　　　编　　550081
印　　　刷　　深圳市新联美术印刷有限公司
规　　　格　　787mm×1092mm 1/16
字　　　数　　127千字
印　　　张　　11.75
版　　　次　　2021年8月第1版
印　　　次　　2021年8月第1次印刷
书　　　号　　ISBN 978-7-221-16612-8
定　　　价　　56.00元

践行"相约2020"的庄严承诺

——"中国减贫奇迹的贵州路径"丛书总序

消除贫困、改善民生、逐步实现共同富裕，是社会主义的本质要求，是中国共产党的重要使命。党的十八大以来，以习近平同志为核心的党中央把脱贫攻坚作为实现第一个百年奋斗目标的重点任务，作为全面建成小康社会必须打赢的"三大攻坚战"之一，作出一系列重大部署和安排。习近平总书记亲自挂帅、亲自出征、亲自督战，带领全党全国各族人民打响了一场消除绝对贫困的攻坚战役，力度之大、规模之广、影响之深前所未有。

贵州是全国脱贫攻坚的主战场，能否按时打赢脱贫攻坚战，事关全面建成小康社会百年奋斗目标的实现。习近平总书记非常关心贵州脱贫攻坚工作，多次作出重要指示。2017年10月，党的十九大期间，习近平总书记参加贵州省代表团讨论时要求贵州"守好发展和生态两条底线，开创百姓富、生态美的多彩贵州新未来"，强调"实现第一个百年奋斗目标，重中之重是打赢脱贫攻坚战，已经进入倒计时，决不能犹豫懈怠，发起总攻在此一举"。2018年7月，习近平总书记对毕节试验区作出重要指示，要求我们"尽锐出战、务求精准，确保按时打赢脱贫攻坚战"。习近平总书记的重要指示精神，为我们按时高质量打赢脱贫攻坚战提供了行动指南和根本遵循。

在这场波澜壮阔的脱贫攻坚战中，我们坚决扛起重大政治责任，牢记嘱托、感恩奋进，尽锐出战、务求精准，用汗水浇灌收获、以实干笃定前行，以"贫困不除、愧对历史，群众不富、寝食难安，小康不达、誓不罢休"的坚定信心和决心，凝聚全社会力量攻克贫困堡垒，探索积累了许多弥足珍贵的经验，取得了历史性成就。全省贫困人口从2015年的623万人减少至2019年的30余万人，每年减少100多万人，贫困发生率下降至0.85%。基本解决了义务教育、基本医疗、住房和饮水安全问题，全面建成农村"组组通"硬化路，完成了188万人易地扶贫搬迁，农村产业革命深入推进，牢牢掌握了脱贫攻坚战的主动权和制胜权。贵州曾经是全国贫困人口最多的省，现在是全国减贫人数最多的省！贵州世代贫困的宿命即将彻底改变，即将撕掉千百年来绝对贫困的标签，即将实现第一个百年奋斗目标！我们已经取得了脱贫攻坚的决定性胜利，必将夺取脱贫攻坚的全面胜利！这一前无古人的伟大壮举，必将载入史册、彪炳史册，在历史的长河中熠熠生辉！

2020年是具有里程碑意义的一年，是全面建成小康社会和"十三五"规划的收官之年，是我省脱贫攻坚决战决胜之年，也是攻坚克难的拼搏之年。出版这套"中国减贫奇迹的贵州路径"丛书，不仅是珍贵的历史见证，更是致力于宣传党的十八大以来我省脱贫攻坚取得的辉煌成就，充分彰显、生动体现中国共产党领导和中国特色社会主义制度优越性；致力于展现脱贫攻坚的伟大精神，弘扬新时代贵州精神，用脱贫攻坚的先进人物、先进事迹感染人、影响人，缅怀逝者、致敬英雄，鼓舞大家奋力走好新时代的长征路；致力于为国内外投身反贫困事业的人们分享我们的减贫经验，为推动建设人类命运共同体、加快全球减贫进程作出贡献。

现在脱贫攻坚已进入最为关键的倒计时，战鼓擂动、号角催征。我们将在以习近平同志为核心的党中央坚强领导下，万众一心发起最后总攻，一鼓作气夺取全面胜利，在这场历史性的大考中交出精彩答卷、考出优异成绩，确保按时高质量打赢脱贫攻坚战，践行"相约2020"的庄严承诺！

孙志刚

2020年1月

目 录

第一篇

"十二个农业特色优势产业"：
贵州农村产业革命的丰硕成果

一、贵州农村产业革命的历史抉择

贵州省是全国脱贫攻坚的主战场之一，贫困面广、贫困人口多、贫困程度深，到2017年底，距离全面建成小康社会还有短短不到3年的时间，贵州还有280万贫困农民尚未摆脱贫困，还有2000万农民尚未走上可持续发展的小康路。抓好贵州脱贫攻坚工作，最突出的短板在"三农"，"四场硬仗"中最难啃的骨头是"产业扶贫硬仗"，要按时实现高质量打赢脱贫攻坚战的目标，不仅要加快农业农村发展，抓好产业发展，更要转变"大水漫灌"为"精准滴灌"式的扶贫模式。

2018年1月2日，中央出台一号文件全面部署实施乡村振兴战略，而乡村振兴的首要任务就是产业兴旺。产业兴旺是解决农村一切问题的前提，是实现乡村振兴的动力来源。把产业发展起来，对贵州来说意义重大，是打基础、管长远的。没有产业发展，何谈乡村振兴？

在面对脱贫攻坚和乡村振兴双重任务的考验下，在这么短的时间里要完成如此繁重的任务，必须以前所未有的工作力度，必须采取超常规举措，必须采取革命性的手段，推动农业农村工作取得跨越式发展。对此，省委、省政府主动向党中央看齐，贵州省委书记在2018年2月9日省委农村工作会议上掷地有声地提出："这些年来，贵州农业产业结构调整取得了很大成绩，但仍有不少突出问题。要想使农村产业有大的发展，推动农村经济振兴，必须以前所未有的工作，来一场深刻的产业革命，舍此别无出路"。

深入推进农村产业革命，既是打赢脱贫攻坚战的重要举措，也是深化农业供给侧结构性改革，推动农村经济优化结构、转型升级，加快新旧动能转换、实现高质量发展的重要举措，是贵州脱贫攻坚和经济社会发展的根本途径和长远大计。在当前的国际形势下，把广大农民群众组织起来，大力发展农村产业，既能带动更多贫困农户稳定脱贫、增收致富，也是对国家的贡献，这是一个有重要战略意义的举措。

（一）深入推进农村产业革命是贯彻习近平总书记关于守好发展和生态两条底线重要指示的重要举措

守好发展和生态两条底线，是习近平总书记2015年在贵州视察工作时，对贵州工作的殷切嘱托，也是贵州与全国同步全面建成小康社会的根本保证。全省92.5%的面积为丘陵和山地，在农村产业革命中全面贯彻新发展理念，坚持生态优先、绿色发展，种植根系发达和固土能力强的茶树、果树、木本中药材、刺梨、皂角等农作物，将荒山荒坡进行综合开发利用，变荒为宝，发展体现资源优势、具有市场竞争力的农业特色优势产业，为同步推进生态建设和经济建设找到结合点，推动经济社会高质量发展，让绿水青山变成金山银山，实现百姓富和生态美的有机统一。

（二）深入推进农村产业革命是打赢脱贫攻坚战的重要途径

发展产业是实现精准脱贫的根本之策，将财政支持产业发展的资金转变为贫困村集体或贫困户在合作社、企业的股份，让贫困人口获得更多的入股分红收益，提高脱贫攻坚成效。通过流转土地得租金、参与劳动得薪金、入股分红得股金等方式，带动贫困农户发展产业，实现持续增收、稳定脱贫。通过实用技术和实用技能培训，提振贫困群众脱贫致富的信心，提高发展能力，激发贫困群众内生动力。

（三）深入推进农村产业革命是实施乡村振兴战略的客观要求

乡村振兴，产业兴旺是重点。产业发展既关系贵州省贫困人口脱贫，也关系2000多万农民持续增收。通过龙头企业、合作社等农业经营主体的互助合作，有效整合村集体和农户手中少而散的土地、资金、劳动力等生产要素，提高农业生产经营的组织化程度和市场竞争力，形成新产业、新业态、新模式，使农业由大变强、实现全面升级，使农民由小康变富裕、实现全面发展，使农村由质朴变美丽、实现全面进步。吸引外出农民回乡务工，既解决了农业经营主体劳动力缺乏的问题，也解决了留守儿童、空巢老人等系列社会问题。

（四）深入推进农村产业革命是推进农业农村现代化的必然选择

没有农业农村现代化，就没有整个国家现代化。贵州农业的优势在特色。要在加强基本口粮田建设、提高粮食自给能力的基础上，推进农业结构调整，着力发展现代山地特色高效农业。发达国家的历史经验和我国的发展历程充分证明：不断推进和持续深化农村产业革命，是实现农业农村现代化的唯一途径。贵州省以农村产业革命为突破口，推动农产品由低端跃上中高端，推动农业生产从单一种养殖转变为一二三产业融合发展，推动农业经济增长从要素驱动转变为创新驱动，推动农业农村发展由过度依靠资源消耗转变为追求绿色生态可持续发展，并最终实现贵州省农业发展方式的根本转变，开启农业农村现代化新征程，推进贵州省不断向现代山地特色高效农业强省迈进。

二、贵州农村产业革命的主要战法

谋非常之业，必集非常之智，用非常之功，施非常之法。贵州通过高位化、专班化、品种化、集约化、科学化推进农村产业革命，开创了贵州别具一格的创新战法。

（一）坚持党政主抓，高位化推进

省委、省政府将农村产业革命作为重大战略部署，省委、省政府主要领导带头抓、深入抓，采取超常规举措高位强力推进。省委、省政府主要领导于2018年至2020年连续三年出席省委农村工作会议，对推进农村产业革命进行安排部署。连续两年召开全委会研究部署，2019年省委十二届五次全会研究出台《中共贵州省委贵州省人民政府关于推进农村产业革命坚决夺取脱贫攻坚全面胜利的意见》等"1+3"文件；2020年省委十二届七次全会对农村产业革命进行"五个三"的系统部署，坚定不移将农村产业革命向纵深推进。

（二）创新领衔制度，专班化推进

省委、省政府把农村产业革命作为推动脱贫攻坚的总抓手，陆续出台《省委省政府领导领衔推进农村产业革命联席会议制度》《省委省政府领导领衔推进农村产业革命工作制度》等制度，书记、省长亲自挂帅，担任联席会议的召集人，12位省委、省政府领导分别领衔推进茶叶、食用菌等12个特色优势产业发展，逐步形成了"一个产业一个省领导领衔、成立一个产业领导小组、一个工作专班、一个专家团队，制订一套推进方案、一本技术指导、一套考核办法"的"七个一"工作制度。市、县两级参照建立领导领衔推进制度并成立工作专班，推动形成了政策高度集中、资源高度聚集、力量高度聚合，省负总责、市县抓落实、五级书记齐抓共管、齐心协力推进农村产业革命的良好发展工作格局，推动实现了由涉农部门"单打独斗""独力难支"向全省上下同心戮力，党委、政府多部门"群策群力"的局面转变，"三农"工作进入了高位推进、高速发展、高效扶贫的快车道。

（三）突出特色产业优势，品种化推进

产业兴旺是解决贵州省农村一切问题的前提，选准选好主导产业是推动产业发展壮大的基础。贵州省坚持推动优势产业优先发展，优势品种率先突破，聚焦茶叶、食用菌、蔬菜、牛羊、特色林业、水果、生猪、中药材、刺梨、生态渔业、辣椒、生态家禽等12个农业特色优势产业，坚持因地制宜、因势利导、因需施策，指导各地聚焦"按时打赢"目标，结合自身的资源禀赋、产业基础、市场需求、农民增收等，选好产业推动集约集中发展，迅速做大规模做强产业。同时，以市场需求和效益为导向，调减各产业低效品种，增加市场紧缺和适销对路产品生产。加快推进优质品种研发推广，着力选育引进一批适宜贵州气候条件，有市场竞争力的品种，推进品种的升级换代。聚焦特色优势产业的优势品种，逐步推广扩大产业

规模，优化产业内部品种结构，建立优势品种标准化、规模化生产基地，推动形成集约集中发展的重点产业带、产业群、产业区、重点县等，实现产业规模化、标准化、品牌化、绿色化发展。

（四）强化资金保障，集约化推进

产业扶贫，最难解决的就是资金问题；产业发展，最大助力就是资金保障。贵州省坚持打造财政资金投入、绿色产业发展基金投资、金融资本贷款、社会资金入股、政策保险兜底的全方位立体式的财税金融保障体系，在破解农业经营主体融资难融资贵等方面进行了有效探索。省级财政加大对12个特色产业的投入，安排12亿元专项资金。落实坝区结构调整补助资金、高标准农田建设配套资金等，支持深度贫困县"一县一业"产业扶贫。设立规模为1200亿元的贵州绿色产业扶贫投资基金。将12个特色产业全部纳入政策性保险范畴，对参保的企业和农户，省、市、县三级财政分别予以保费补贴。积极探索农银企产业共同体融资模式，农业企业可以和政府的平台公司合作组建合资公司，共同撬动银行资本，发展壮大特色产业。

（五）整合专家技术力量，科学化推进

聘请7位院士作为产业发展顾问，分别建立印江食用菌院士工作站、石阡绿色防控院士工作站、遵义辣椒院士工作站等7个院士工作站。按照"一个重点产业、一个技术团队"的要求，在省内组织各级农业农村部门以及贵州大学、省农科院等高等院校、科研院所组成了1.3万余位专家的专家团队，重点围绕12个农业特色优势产业开展农技培训，开展新品种新

技术等试验示范268项，建设试验示范基地251个。组织召开贵州省农村产业革命12个农业特色优势产业专题报告会暨新时代学习大讲堂系列讲座，邀请12名国内知名院士、专家针对12个特色优势产业的发展方向、发展路径、发展模式等作专题指导。

三、贵州农村产业革命唤醒千年沉睡的土地

实践证明，这场农村产业革命意义深刻，影响深远，正在助推贵州经济社会发展发生深刻变化。

（一）推动农村经济实现跨越式发展

2018年以来，虽然贵州省遭遇新冠肺炎疫情、非洲猪瘟、洪涝冰冻等灾害，但是通过纵深推进农村产业革命，12个农业特色优势产业发展加快，有力推动了农业增加值快速增长，为全省经济持续稳定增长提供了有力支撑。2018年，贵州省第一产业增加值增长6.9%，位居全国第一。全省农村常住居民人均可支配收入9716元，比上年增长9.6%，增速继续保持全国前列。2019年，全年全省农林牧渔业增加值2408.03亿元，比上年增长5.7%。其中，种植业增加值1566.47亿元，增长8.3%。农村居民人均可支配收入10756元，增长10.7%。2020年，第一产业增加值增长6%以上、农民人均可支配收入增长10%左右，两项增速继续位居全国前列，有力地推动了全省经济持续稳定增长，种植业结构调整成效持续显现。

（二）转变了传统农业发展方式

通过切实强化现代农业组织方式引领，推动构建农业产业经营组织体

系、大力推广"龙头企业+合作社+农户"组织方式，农业组织化程度明显提升，经营主体与农户的产业发展共同体愈发紧密。通过不断优化产业布局，大力发展特色产业的产业带、产业群、产业基地等，产业发展更加集约集中，规模经营效应愈发突出。通过大力调减低效作物，替代高效经济作物、调优产业品种，经济效益明显提升，带动成效更加突出。

（三）推动优势产业不断发展壮大

省委坚持立足资源禀赋、气候条件、产业基础、市场需求和脱贫攻坚等，推动优势产业优先发展、优势品种优先突破，推动特色优势产业持续发展壮大。食用菌裂变式发展由2015年的不到3亿棒增加到2019年的近31亿棒，实现了10倍的增长，2020年食用菌种植规模44.8亿棒（万亩）、产量147.6万吨、产值184.9亿元，同比分别增长39.1%、29.7%、36.1%，迈入全国食用菌生产第一梯队省份；茶叶、蓝莓、李子、刺梨种植面积全国第一；辣椒产加销全国第一，2020年5月15日，农业农村部和财政部公布了2020年全国优势特色产业集群建设名单，贵州朝天椒获批准立项，中央财政每年支持1亿元，连续支持3年；猕猴桃、火龙果等产业名列全国前茅；百香果从无到有，产业规模挤进全国前三。

（四）推动产业扶贫实现突破性进展

实践证明，凡是农村产业革命推进得好的地方，农民收入均大幅提高。在农村产业革命的持续深入推进下，特色产业发展实现了逆势增长、稳中有进、高质量发展的良好态势，为脱贫攻坚以及稳定就业等提供了强有力的产业支撑。2018年以来，产业发展累计带动78.26万户贫困户、288万人贫困人口增收。其中，2020年产业带动剩余建档立卡贫困人口28.33万人增收，占2019年底剩余建档立卡贫困人口总数的92%。对"9+3"重点县（区）贫困人口实现全覆盖，预计全年可带动人均增收1500元左右。通过农村"三变"改革，农民股东参与"三变"改革增加收益合计38.9亿元，人均增收353.15元、户均增收1354.92元，其中贫困人口增加收益17.71亿元，贫困人口人均增收702.64元、户均增收2680.1元，为按时高质量打赢脱贫攻坚战提供了有力的产业支撑。

（五）带动农民工就业稳步提升

面对突如其来的新冠肺炎疫情，全省上下认真落实中央"六稳""六保"工作要求，大力推进农村产业革命，深挖产业发展潜力，努力为农民创造就业务工岗位。按照省委、省政府统一安排，2020年12个特色优势产业通过扩大产业规模、调整产业发展模式，大幅增加用工数量，12个农业特色优势产业共带动就业人数约为1089万人，共落实新增开发岗位数13.5万个、促进就业人数16万人，为稳定全省经济社会发展作出了重要贡献。

四、十二个农业特色优势产业蓬勃发展

农村产业革命推进以来，全省上下聚焦"八要素"，践行"五步工作法"，实行领导领衔、专班化推进工作制度，高位强力推进12个农业特色优势产业加快发展，特色优势产业"从无到有、从小到大、从弱到强"取得阶段性显著成效，为克服新冠肺炎疫情影响，按时高质量打赢脱贫攻

坚战提供了有力的产业支撑，为推动我省经济社会持续稳定发展作出了积极贡献。各地参照省里建立了领导领衔制度和工作专班，推动领导高度重视、政策高度集中、资源高度聚集、力量高度聚合，形成了省负总责、市县抓落实、五级书记齐抓共管、齐心协力推进农村产业革命的良好局面，全省上下农村产业革命氛围浓厚，特色产业发展如火如荼，呈现出百花齐放、百舸争流的繁荣景象。

（一）茶产业

坚持"守正创新、正本清源、确立地位"的战略思路和工作举措，围绕建成茶产业强省的总体目标，多措并举，主动作为，推动茶产业高质量发展，助力加快推进"六个转变"。全省茶产业以实际行动深刻阐释"生态、干净、绿色"，精准施策、务求实效，以质量安全和提质增效为核心，重点实施黔茶系列茶树种苗、茶叶专用肥推广和绿色防控三大行动；以标准宣贯为切入点，全面提升茶叶加工清洁化、规模化、机械化、标准化水平；以"走出去""请进来""线上线下"等相结合，提升贵州茶的知名度和市场占有率，茶产业已成为贵州省脱贫攻坚和乡村振兴的重要抓手和支撑力量。全省茶园面积实现规模化、集中化。截至目前全省茶园面积占全国茶园总面积的15.8%，现有茶园面积在30万亩以上的县3个、20～30万亩县8个、10～20万亩县15个、万亩以上的乡镇232个、万亩以上的村83个。树立全国茶叶质量安全新标杆，在全国率先禁止茶园使用水溶性农药和除草剂，禁限农药在国家标准62种的基础上，增加至128种。在国家农业农村部质量安全情况检测中贵州茶叶连续8年合格率达100%，居全国前列。茶叶加工企业集群化，现有注册茶叶加工企业及合作社5746家，其中国家级重点龙头企10家、占全国茶叶类总数45家的22%，省级龙头企业260家，占全省1176家的22.1%，市县级龙头企业384家，形成以龙头企业为引领、中小型企业为支撑，以大带小、以小促大协同发展的企业集群发展。加工能力不断提升，从2015年的22.5万吨增加至2020年的43.6万吨，增加了93.78%，引导以绿茶为主体，推动六大茶类、抹茶类和茶叶精深加工延伸产品的开发与生产，提高茶青资源下树率，提升茶园综合效益。加速培育自有品牌，聚焦"贵州绿茶"省级公用品牌，加大"都匀毛尖""湄潭翠芽""绿宝石""遵义红"等子品牌的培育，加快提升贵州茶影响力和品牌价值，中国茶叶流通协会评选出的2020年中国茶业百强县中，有湄潭、凤冈、石阡等10个县市上榜，其中湄潭县位列第一名，同时，湄潭县位列中国"十三五"茶业发展十强县榜首，石阡县位列"2020年度茶业生态建设十强县"榜首；由浙江大学中国农村发展研究院中国农业品牌研究中心发布的"2020中国茶叶区域公用品牌价值十强"，"都匀毛尖"以35.28亿元的品牌价值位列第10位；由中国品牌建设促进会等单位联合发布的中国品牌价值区域品牌——茶叶类地理标志产品榜，"湄潭翠芽"以114.23亿元品牌价值位列第7位。截至2020年底，全省茶园700万亩（其中投产619万亩），茶叶产业种植面积排名全国第一，全年茶叶产量43.6万吨、产值503.8亿元，同比分别增长8.7%、11.7%；全年贵阳海关共检验检疫出口茶叶6577.7吨，金额2.31亿美元，同比分别增长64.08%和77.69%；省内外共建立茶叶销售点26 276个，揭牌落地"贵州绿茶"品牌店41家；全省累计开展技术服务和培训1791次，培训117 301人次；带动涉茶人数340.3万人，其中带动贫困人口14.82万人，涉茶农户年人均收入12 351.1元，其中涉茶贫困户人均年收入7026.9元。

（二）食用菌产业

围绕"打造全国优质竹荪产业集群、南方高品质夏菇主产区，建成中国食用菌产业大省"目标，持续实施菌种、菌材、市场主体、人才保障、绿色发展"五大工程"，着力推进品牌打造、机制构建、要素保障和综合效益"四个强化"，促进食用菌产业实现持续裂变发展，我省食用菌产业跻身全国第一梯队，实现了从传统农业向现代农业的"六个转变"，已成为贵州省脱贫攻坚和乡村振兴的重要产业。全省规模以上经营主体804家，其中国家级龙头企业3家、省级龙头企业30家；年生产1000万棒以上重点企业90家，产能占全省60%以上。全省已有85个县区发展食用菌产业，规模化栽培食用菌种类30多种，优势大宗食用菌有香菇、木耳、平菇、金针菇、杏鲍菇和海鲜菇等，特色珍稀食用菌有红托竹荪、冬荪、羊肚菌、茶树菇、大球盖菇等，其中红托竹荪、冬荪生产规模位居全国首位。现已形成功能明确、布局合理的黔西北、黔西乌蒙山区，黔北、黔东大娄山—武陵山区，黔东南、黔南苗岭，黔西南喀斯特山区、黔中山原山地五大食用菌产业带。2020年，全省食用菌种植规模44.8亿棒（万亩）、产量147.6万吨、产值184.9亿元，同比分别增长39.1%、29.7%、36.1%，产量产值预期可进入全国前10。

（三）蔬菜产业

坚持脱贫攻坚统揽，以市场化为导向，按照"两确保一稳定一发展一提高"的发展思路（即确保市场供应、确保质量安全、稳定市场价格、发展蔬菜产业、提高市场竞争力），聚焦优势单品、聚焦优势时段、聚焦优势区域，从单纯注重数量向注重数量与质量并重转变，从粗放经营向集约经营转变，从单一抓生产向抓全产业链转变，提升规模质量，推动蔬菜产业规模化、标准化、品牌化、绿色化发展，促进农民持续增收致富，助力乡村振兴。近年来，各地把蔬菜产业作为振兴农村经济、助力脱贫攻坚的主要产业来抓，现已成为覆盖面最广、带动能力最强、带动增收最明显的农业产业，种植面积、产量和产值均进入全国第一梯队。2020年，全省蔬菜种植总面积1850万亩，产量2860万吨，全产业链从业人员近1000万人，带动建档立卡贫困户14万人脱贫。聚焦特色单品，坚持错位发展，在种植规模和集约化程度上取得突破。全省重点发展大白菜、萝卜、菜豆、茄子、韭黄、生姜、山药、佛手瓜等8个特色优势单品，因地制宜发展地方优势品种和野生蔬菜产业。立足季节优势，聚焦夏秋蔬菜，结构优化取得历史性突破。大力发展夏秋蔬菜，打造高、中海拔区喜凉蔬菜产业带，低海拔区喜温蔬菜产业带和黔中保供蔬菜产业带，形成突出越夏生产，兼顾春提早、秋延晚的优势蔬菜生产格局。全省夏秋蔬菜种植面积占全年的70%以上，成为我国南方地区重要的夏秋蔬菜生产大省。注重市场流通体系建设，强化产销对接，市场开拓取得历史性突破。完成3个一级、6个二级农产品批发市场改造升级，建成36个重点农产品批发市场、1140个农贸市场，形成了相对完整的批发体系。围绕粤港澳大湾区、长三角和东南亚等主要目标市场，建成138个贵州绿色农产品省外分销档口和8个境外分销中心、10个境外销售窗口。建成上海外延蔬菜基地6家，粤港澳大湾区"菜篮子"保供基地40家。坚持培育、引进两条腿走路，经营主体取得历史性突破。组建贵州省蔬菜集团，培育壮大贵阳农投集团、安顺绿野芳田等省内行业领军企业，引进上海蔬菜集团、广州江楠集团和粤旺集团等国家级农业龙头企业，全省从事蔬菜产业企业515家，其中省级以上龙头企业34家，合作社8601家。组建贵州省蔬菜产业发展协会，目前会员单位152家。坚决守住安全底线，确保"干净质优"核心价值，绿色发展取得历史性突破。在全国率先提出禁止使用草甘膦等化学除草剂，"宁要草不要草甘膦"的绿色生产理念深入人心。推广使用0.01毫米标准地膜和以草治草、机械化残膜拾捡、尾菜无害化处理技术，创建"清洁菜园"行动取得积极成效。加强蔬菜质量安全监管，每年监测合格率均在99.6%以上，切实保障人民群众舌尖上的安全。

（四）牛羊产业

紧紧围绕打造"贵州黄牛——中国的和牛"总目标，按照"三年打基础、五年育品牌、十年磨一剑"总体思路，着力在强基础、补短板、促改革、抓创新、破难题上下功夫，构建了全省共同推进牛羊产业发展的大格局，理顺了牛羊全产业链的发展思路，实现了产业发展的长足进步。建立省、市、县三级合作推进肉牛产业发展工作机制，由省牛羊产业发展领导小组与市（州）、县（市、区）政府签订合作协议，明确各级工作责任和任务，形成上下联动共同推进的良好格局。推动成立省牛羊产业协会，立足"政企纽带、政策参谋、行业工兵、农民挚友"定位，积极参与产业政策的研究制定、行业标准的制定修订、行业发展规划的编制、行业准入制度的建立，组织会员抱团发展、形成合力、共谋利益，推动"黔牛""黔羊"产品出山。组建贵州黄牛产业集团。由贵州现代物流产业集团和贵州羊鼎黄牛农业发展有限公司共同出资成立贵州黄牛产业集团，全力打造以"平台引领、统筹资源、加工提升、外联销售、配套物流"为核心的贵州黄牛全产业链发展生态体系，促进全省黄牛产业饲草料供应、屠宰加工、统一品牌、行业融资等有机衔接，努力打造"贵州黄牛——中国的和牛"的"1+N+X"品牌体系，积极发挥龙头企业引领带动作用。紧紧围绕市场需求，以专班推动为抓手，形成"农户抓生产、合作社抓协调、企业抓销售、专班抓统筹"的工作机制，大力推动订单生产，积极稳定省内市场、扩大省外市场、拓宽国际市场。创新金融支持机制。省农业农村厅、贵州现代物流产业集团、中国农业发展银行贵州省分行签订《财政资金与农业政策性金融协同服务贵州省牛羊产业合作协议》，将省农村产业革命牛羊产业发展专项资金8000万元以风险保证金的形式注入贵州现代物流产业集团，按1∶5比例撬动省农发行4.25亿元银行贷款。拿出5亿元财政资金作为风险补偿资金持续撬动金融贷款。至2020年底，完成牛出栏207.86万头，占全年目标任务118.8%；完成羊出栏353.59万只，占全年目标任务114.4%。（牛羊产业没有产值数据支撑）社交电商平台，开展多样化的营销宣传，带动牛肉产品销售。

（五）特色林业

认真贯彻习近平生态文明思想和对贵州"守好发展和生态两条底线"的重要指示，扎实践行"绿色青山就是金山银山"的理念，按照"一手抓生态建设，一手抓产业发展"的思路，聚力加强特色林业产业高质量发展制度建设。制定出《贵州省农村产业革命特色林业产业发展三年行动方案》《2020年特色林业产业发展推进方案》《贵州省竹笋产业实施方案》《贵州省农村产业革命特色林业产业专项资金管理办法（试行）》和《贵州特色林业产业"十四五"发展规划》，明确特色林业产业发展目标、产业布局、建设任务、保障措施等内容，为特色林业产业发展提供了强有力的政策支撑。全力抓好特色林业产业基地建设。坚持"省内育苗、省内保供"的思路，分别建立了竹、油茶、花椒、皂角育苗基地，确保未来特色林业产业发展种苗需要；根据资源禀赋和自然条件，着力打造大娄山、武陵山和赤水河、清水江"两山两水"竹产业带、织金皂角产业带，以及一批油茶、花椒核心产业区。强力推动重点任务落地见效。按照政府规划、市场运作的模式，通过纳税奖励、设备补助、贷款贴息等方式，全力扶持企业发展。在织金建成了全国最大的皂角精加工基地，在赤水建成了竹浆纸、竹建材、竹家具产业集聚区；全面启动公共品牌建设，"黔林优选""黔林臻品"等6个品牌共136件的商标申请已获国家知识产权局受理。大力筹措资金保障产业发展。认真研究和整合国储林项目、国家石漠化治理、退耕还林等各项政策，叠加政策支持特色林业产业发展；通过专项资金、银行贷款、招商引资等渠道共支持特色林业产业发展资金100余亿元，有力保障资金需求。其中，下达财政专项资金4.17亿元，统筹用于特色林业产业发展，重点支持种植基地、加工项目、科研等工作。截至2020年底，全省完成特色林业产业基地新造和改培197.9万亩，其中新造面积105.4万亩，改培面积92.5万亩；总产量118.52万吨，总产值160.08亿元。

（六）水果产业

在省委、省政府的坚强领导下，全省上下聚焦脱贫攻坚，围绕"4+2+N"树种，突出"万亩片""千亩村"，以项目为抓手，扩面积、调结构、强龙头、抢市场、带农户，纵深推进以百香果产业为重点的水果产业发展，全省水果产业总体呈现出规模持续扩大，产销平稳有序，辐射带动强劲的良好发展态势。产业革命以来，贵州水果向"规模化、标准化、品牌化"方向迈进。规模上，百香果从无到有，在28个县（区）开展商品化种植，面积挤进全国前三；蓝莓、李种植面积全国第一，猕猴桃、火龙果种植面积全国前三，为贵州山地果园规模化发展奠定了良好的基础；标准上，持续在全省果园开展"清园行动"、化肥农药"双减行动"，禁止使用除草剂等禁限用农药，把好"贵州精品水果"源头第一关。组织协调完成贵州水果标准体系，为提升果业质量安全水平、增强市场竞争力、提高经济效益提供了强大保障；品牌上，全力打造"贵州精品水果"省级公共品牌和"罗甸百香果""榕江百香果""谷谷呱"等区域公共品牌。持续强化"从江百香果""荔波黄金百香果""修文猕猴桃""罗甸火龙果""麻江蓝莓""威宁苹果""镇宁蜂糖李""纳雍玛瑙红樱桃"等区域公共品牌和"弥你红""蓝之灵""凤之翎""黔龙果"等企业品牌在市场上的竞争力和影响力。实施"走出去"营销战略，积极开拓省内外市场，持续增强贵州水果在全国的影响力。2020年，全省园林水果果园面积达985.04万亩（不含刺梨），产量521.27万吨，产值300.38亿元，同比分别增长17.27%、17.94%和26.98%。

（七）生猪产业

紧紧围绕"立足当前保供给、着眼长远促转型"目标，推行"12345"产业链推进模式①，坚持问题导向、目标导向、结果导向，大力实施"七抓七促"②，有效化解了新冠肺炎疫情及非洲猪瘟疫情等不利影响，全力推动生猪产业加快发展，为夺取脱贫攻坚、全面建成小康社会作出了积极贡献。坚持"稳"字当头，从自给自足到战疫保供服务全局。面对新冠肺炎疫情和非洲猪瘟疫情带来的不利影响，坚持一手抓生猪生产、一手抓疫情防控，严格落实非洲猪瘟疫情各项防控措施，出台一系列生产恢复扶持疏困惠企政策，全面推动生猪养殖企业复工复产，加快推进生猪重点项目建设进度，广泛开展"比一比、赛一赛、看谁的生猪产业发展快"系列宣传活动，生猪产能迅速恢复，猪肉价格明显下降，保障本省

---

① "1"即建立一名"省领导领衔"的推进机制；"2"即推进千企引进和千企改造"双千工程"深度融合；"3"即实现工作链、产业链、价值链"三链合一"；"4"即强化龙头企业、专家团队、资金支持、人才保障"四位一体"；"5"按照政策设计、工作部署、干部培训、督促检查、追责问责"五步工作法"。

② 第一，抓党建，促同心。第二，抓创新，促发展。第三，抓基层，促合力。第四，抓管理，促转型。第五，抓成本，促效益。第六，抓平台，促民生。第七，抓机遇，促升级。

猪肉市场不脱销断档。坚持"绿"字为本，从低效养殖到生态健康口碑相传。坚持"绿水青山就是金山银山"的发展理念，坚持发展和环保两手抓、两手硬，做好粪污资源化利用工作，推动生态养殖健康发展。创新模式，防范化解养殖粪污风险。通过推行"集中繁育，分散育肥"模式，有效避免养殖粪污过度集中而带来环境污染风险，全省超五分之一生猪通过该方式饲养出栏。聚焦优势，深入探索生态循环农业模式。突出生态优势，积极推广猪—沼—菜（粮、果、茶）等生态循环农业模式。坚持"联"字托底，从"户自为战"到同袍共泽携手共赢。坚持以"龙头企业+合作社+农户"组织方式，全面强化利益联结模式，大力推行"大场带小场"扩群增养行动带动中小养殖场户发展生猪养殖。通过"公司+合作社+农户"、收购、租赁、托管、入股加盟等方式，带动中小养殖场户补栏增养，仅"9+3"贫困县区①2020年可新增出栏生猪42万头，带动4万余人增收脱贫。截至2020年底，全省生猪存栏1578.88万头、能繁母猪存栏140.32万头、累计出栏生猪1807.68万头，分别占全年目标任务数的100.25%、100.95%、100.43%。

（八）中药材产业

紧紧围绕"一年有突破、两年上台阶"的目标，省委、省政府全产业链谋篇布局、全方位精准推进、全要素强化保障，纵深推进中药材产业发展，努力构建区域化布局、规模化种植、标准化生产、现代化经营和信息

---

① 威宁、从江、榕江、晴隆、望谟、紫云、沿河、赫章、纳雍等9个深度贫困县，七星关区、织金、水城等3个贫困人口超过1万人的县（区）。

化追溯为一体的中药材产业发展格局，坚持"专业化、标准化、集约化、产地道地化"发展路径，迅速做优做强天麻、石斛、太子参、黄精等8个重点优势单品，各地因地制宜同步推动淫羊藿、党参等地方特色品种。到2020年底，全省种植面积711.14万亩、产量206.68万吨、产值224.42亿元，同比分别增长5.87%、7.33%、34.24%。天麻、石斛、白及、太子参种植面积位居全国第一。全省10万亩以上种植大县达25个，总面积415.08万亩，占全省总面积的59.87%；建设200亩以上规模化标准化基地1296个、面积72万亩；种子种苗基地285个、面积8.92万亩，可供240万亩生产用种；天麻、石斛、太子参、黄精等15个重点单品面积达459.38万亩，同比增长12.16%，占全省总面积的64.60%。204家龙头企业（国家级5家、省级46家、市级153家）通过"龙头企业+合作社+基地+农户"组织方式，提供用工岗位13 207个；全年可带动总用工7024.54万人（次），提供200天以上稳定就业岗位35.12万个，全省2368家中药材生产经营主体可提供就业岗位5.09万个，占比14.49%。全省中药材有47个品种种植规模万亩以上，37个品种产值超亿元，产业累计带动8.5万户贫困户25.5万贫困人口增收。

（九）刺梨产业

按照新型工业化引领"新四化"和高质量发展的要求，充分发挥贵州刺梨资源优势，坚持加工带动，以市场需求为导向，以企业为主体，持续打造"贵州刺梨"公共品牌，全力拓展线上线下市场，持续巩固脱贫攻坚成果，有效衔接乡村振兴战略，努力把刺梨产业打造成为富民产业和特色优势产业。2020年注册公共品牌商标，制定授权使用管理规则。目前有广药王老吉、娃哈哈、光明乳业三大巨头品牌赋能和使用贵州刺梨商标，省内刺力王、山王果、天刺力、恒力源等10户企业获第一批授权使用。积极培育一批企业争取授权，推动构建"3+10+N"模式，抱团合力打造贵州刺梨公共品牌。重点开展刺梨种植标准、加工标准、产品标准、产品质量控制标准等研究制定，完成《贵州刺梨系列标准汇编》，收录现行刺梨标准25个，建立完善包含国家标准、行业标准、地方标准、团体标准和企业标准的贵州刺梨标准体系。指导在盘州、龙里、贵定、水城等建成一批标准示范化基地，推动规模化种植达到200万亩。制定《贵州刺梨评价通则》《加工用刺梨鲜果原料分级标准》《刺梨原汁》等标准，指导企业运用标准规范化、标准化生产经营。截至2020年底，刺梨产业全省种植面积达到200万亩，比上年新增24.6万亩。35家重点调度企业累计鲜果收购8.1万吨，果农售果收入4.05亿元。鲜果加工成原汁4.05万吨，实现产值16.2亿元，销售收入14亿元（其中刺柠吉5亿元）。

（十）生态渔业

坚持"试点先行、稳步推广、全面铺开"三步走战略，按照"一年有突破、两年上台阶、三年大发展"等思路，聚焦"八要素"、践行"五步工作法"，系统推进生态渔业发展。先后出台《贵州生态渔业发展实施方案》《关于加快推进生态渔业发展的指导意见》等文件，明确了发展目标、产业布局、品牌战略、配套政策、科技支持等15项指导意见。成立贵州省生态渔业有限责任公司，作为全省生态渔业的实施主体，着力保护生态环境，发展生态渔业，促进产业融合，创立"贵水黔鱼"品牌，带动渔民致富，助推脱贫攻坚，做实、做强、做优贵州生态渔业产业。建立以"三变"为核心的利益联结机制，在湖库生态渔业方面，大力推广"公司+村集体+农户""公司+合作社+农户（贫困户）"等利益联结模式，带动渔民、农户增收。湖库生态渔业主推整县推进、单一行政区域、跨行政区域等模式。稻田生态渔业主推"企业+合作社+农户""村社合一+农户""公司+基地+农户"等模式，带动农户增收效果显著，与农户利益联结更加紧密。加快优质水产品认证推进，"贵水黔鱼"区域性品牌商标获国家商标总局批准，赤水"月亮湖有机鱼"通过认证，"从江田鱼""播州乌江鱼"取得地理标志；水产品质量产地抽检合格率达98%以上。积极推动企业与省内外知名科研院所开展交流合作。建立省内外30余名专家组成的专家库，2019年，开展各类培训235次，共1.3万人次。截至2020年底，全省完成水产品产量26.87万吨，占全年目标任务105%；鲟鱼产量1.91万吨，占全年目标任务119%；发展稻渔综合种养280.04万亩，占全年目标任务101.83%；发展湖库生态渔业面积63.58万亩，占全年目标任务105.97%。

（十一）辣椒产业

紧紧围绕"八要素"要求，以市场为导向，以产业发展为主线，从单一抓生产向抓全产业链融合发展转变，推动全省辣椒产业高质量发展，助推脱贫攻坚和乡村振兴，贵州正在实现从"辣椒大省"向"辣椒强省"转变。重点打造北部加工型辣椒产业带、南部鲜食辣椒产业带。抢抓国家支持优势特色产业集群发展契机，在黔北、黔中扩大加工型辣椒种植规模，满足黔北、黔中、黔东南等加工集群原料需求；利用低热河谷区的错季优势，在黔南、黔西南、安顺等地发展早春辣椒示范基地，满足市民菜篮子需求，增加农民收入。安排产业发展专项资金，继续推进集约化育苗和标准化生产，提高集约化育苗率和良种覆盖率；大力推广水肥一体化、增施有机肥、绿色防控等绿色高效生产技术，推进辣椒规模化标准化基地建设。通过实施一系列高产高效技术模式，提升种植效益。通过政策支持、金融扶持、技术服务等培育壮大龙头企业，新增培育省级以上龙头企业20家、农民专业合作社100个，全省辣椒企业达300家以上、合作社达1500家以上。大力推广"龙头企业+合作社+农户"的组织方式，进一步巩固强化了利益联结机制。集中资源和力量，大力推进产业扶贫。2020年，全省辣椒种植面积545万亩、产量724万吨、一产产值242亿元、二产产值135亿元，同比分别增长6.4%、6.5%、5.9%和11.4%，产加销位居全国第一，带动285万椒农增收，其中建档立卡贫困人口65万，新增就业岗位1.7万个，椒农人均收入达7500元，"9+3"重点县种植辣椒79万亩，覆盖带动农户22.88万户、89万人。从专项资金中安排4100万元，重点用于辣椒集中育苗、品种优化、加工升级、贷款贴息等，推动产业迅速上规模、见效益。逐县逐村逐户落实"龙头企业＋合作社＋农户"模式，实现所有贫困户都加入合作社，都有龙头企业带动，确保农民得实惠。

（十二）生态家禽产业

全面落实农村产业革命"9+3"县（区）、"八要素" 和"五步工作法"，依托地方特色优质品种，着力聚焦"9+3"县（区），围绕"上规模、调结构、提品质、增效益、防风险"，全力推进生态家禽产业加快发展，助推全省按时高质量打赢脱贫攻坚战。2020年，在全省24个产业发展重点县和6个深度贫困县新建或改扩建家禽种繁场53个。全省共引进培育企业984家，发展合作社1171家，基本形成龙头企业引领、合作社示范带动的产业经营体系。发布实施《乌蒙乌骨鸡》《赤水竹乡鸡》等贵州地方家禽品种标准16个，通过地理标志产品认证和证明商标的禽类品种10个。打造区域性公共品牌37个，培育形成"娄山百凤""仡佬蛋""云上贵州""红瓦绿蛋""台茶鸡蛋""百灵树鸡"等企业品牌和商标217个。主要通过"省内省外并举、线上线下同步"方式进行销售。持续巩固农贸市场、批发市场等省内传统渠道（占省内销量60%），依托政府平台公司，全面推进生态家禽产品"七进"（占省内销量35%），依托淘宝、京东等主流电商平台，提升线上销售份额（占省内销量5%，以鸡蛋为主）。不断拓展上海、广东、重庆、四川、湖南等省外重点市场（肉禽省内销售占90%，省外占10%；禽蛋省内销售占80%，省外销售占20%），在上海、成都、重庆等地设立贵州生态家禽产品专销区100余个，销售渠道得到有效拓展。生态家禽产业，全省生态家禽出栏1.72亿羽，同比增长14.67%；禽肉产量29.24万吨，同比增长13.86%；禽蛋产量26.3万吨，同比增长14.6%。

第二篇

"六个转变"：振兴农村经济的贵州新路

　　新中国成立70多年来，在党中央、国务院的坚强领导下，贵州省农业农村发生了翻天覆地的变化，特别是党的十八大以来，省委、省政府团结带领全省各族人民，以习近平新时代中国特色社会主义思想为指引，大力弘扬"团结奋进、拼搏创新、苦干实干、后发赶超"的新时代贵州精神，以实际行动落实好习近平总书记对贵州工作系列重要指示精神和党中央决策部署，持续激励着全省各族干部群众奋力决战脱贫攻坚、决胜同步小康，向贫困发起新的冲锋。2018年，省委、省政府在全省发起一场振兴农村经济的深刻的产业革命，在思想观念、发展方式、工作作风开展三场革命。采取超常规举措，用好"五步工作法"，全面推行"八要素"，大力发展高效特色产业，推动全省农业农村逐步实现"六个转变"，不断激发农业农村发展内生动力，开创了农业发展、农村繁荣、农民增收崭新局面，取得世人瞩目的成就，为打赢脱贫攻坚战、全面建成小康社会奠定了坚实基础。贵州取得的成绩，是党的十八大以来党和国家事业大踏步前进的一个缩影。贵州终于撕下了千百年来的绝对贫困标签，不再是贫困的代名词，为中国乃至全世界的反贫事业提供了"贵州样本"，在中国前无古人的减贫事业中书写了贵州奇迹的精彩篇章。

　　贵州取得这样的成绩，离不开几十年来贵州干部群众持续锐意进取、开拓创新、矢志改革，从家庭联产到农村产业革命，再到"六个转变"，贵州干部群众创造了属于贵州特有了贵州智慧。先后创造了包产到户的"顶云经验"，增人不增地、减人不减地的"湄潭经验"，村社合一的

"塘约经验"，推广农村"三变"改革，推进农村产业革命以及"六个转变"，在国内乃至世界范围产生了广泛的影响，为全国农业农村改革发展贡献了贵州智慧。

一是关岭县顶云"定产到组"破冰引领农村改革开先河。1978年初，贵州省关岭县顶云公社率先实行"定产到户，超产奖励"的生产责任制，成为全国实行农村改革最早的典型之一。1980年7月，省委毅然发布《中共贵州省委关于放宽农业政策的指示》（〔1980〕38号），有领导、有步骤地推行"双包到户"的改革，这是全国第一个以省委文件形式肯定和全面推行"双包到户"。以家庭承包经营为主要内容的农村经济体制改革，极大地提高了农民的积极性和创造性，使农村经济发展获得了新的活力。到1981年底，全省实行以"包干到户"为主要形式的生产队达到98.1%。1979年、1980年和1981年，贵州省连续3年农民人均纯收入实际增速都在两数以上，分别为增长15.4%、16.6%和27.3%，从1978年的109.3元增加到1981年的209.87元，用3年时间增加了100元。

二是湄潭毕节改革试验为全国农村改革作出重要贡献。1983年，贵州省委经过认真分析研判，顺应农民意愿，有序推进体制改革和技术改革，明确10个县（市）作为农村综合改革试点单位。抓住中共中央印发《把农村改革引向深入》（中发〔1987〕5号）文件机遇，1987年7月和1988年6月，湄潭县和毕节地区分别被国务院批准为全国农村改革试验区。经过大胆实践，湄潭县"增人不增地、减人不减地"的改革试点，被纳入省人大颁布的法规，被中央以〔1993〕11号文件加以肯定并在全国推广。2000

年，湄潭县实施的"均衡减负，户户减负"的改革经验，被国家采纳，在国发〔2003〕12号中明确农村税费制度改革做到"村村减负、户户受益"。毕节市开展的以"开发扶贫、生态建设、人口控制"三大主题为内容的农村改革试验，通过开发扶贫推进社会主义与市场经济有机结合，通过生态建设促进人与自然和谐共生，通过人口控制推动人口素质提高与生产全面发展。"三大主题"集中统一于努力实现人口、经济与资源环境协调发展，为贫困地区在全面建成小康社会过程中闯出新路子、在多党合作服务改革发展实践中探索新经验提供样本，成为"贵州实现科学发展观的试验田"。

三是农村"三变"改革有力激发了新时代农村发展活力。2014年以来，在坚持土地公有制性质不改变、耕地红线不突破、农民利益不受损的前提下，六盘水市开展"资源变资产、资金变股金、农民变股东"的农村"三变"改革探索，通过集体资源调动政府资源、政府资源撬动社会资源的"双轮驱动"，有效活化了要素资源，实现"产业连体""股权连心"。2016年，农村"三变"改革在全省迅速推广，激活了城乡存量资产、自然资源、人力资本，促进了农业生产增效、农民生活增收、农村生态增值，对推动脱贫攻坚、解放农村生产力、巩固党的执政基础都具有重要意义。目前，全省农村"三变"改革试点村7241个，其中贫困村3358个，分别占行政村和贫困村总数的43%、63.6%。参与经营主体12 141个，整合各级财政资金66.83亿元投入试点村，实现农民变股东518.4万人，人均增收629.3元，其中贫困人口142.86万人、人均增收1038.4元。2017年至2019年，

"三变"改革连续被写入中央一号文件和《全国乡村振兴战略规划》《中共中央国务院关于打赢脱贫攻坚三年行动的指导意见》等文件。

四是农村产业革命吹响了全面打赢脱贫攻坚战的号角。2018年省委书记在省委农村工作会议上掷地有声地提出"来一场振兴农村经济的深刻的产业革命"，推动思想观念、发展方式、工作作风变革，加快农村产业发展，为我省决战脱贫攻坚、决胜同步小康提供强大动力，体现了省委高度的政治责任感和强烈的政治担当，为实施乡村振兴战略、做好新时代"三农"工作指明了方向。实践证明，以革命的意志、精神和方式方法，推动我省打一场农业结构调整的攻坚战，对实现决战脱贫攻坚、决胜同步小康目标具有重大意义。当前，全省深入推进农村产业革命的热潮如火如荼，12位省领导分别领衔推动农业12大特色优势产业加快发展，大力推广"龙头企业+合作社+农户"组织方式，涌现了平坝区塘约村、盘州市舍烹村、西秀区大坝村等典型，茶叶、食用菌、蔬菜、水果、中药材、刺梨等12个重点优势产业成为纵深推进农村产业革命的重要抓手。各地特色优势产业蓬勃发展，结构调整的力度、成效前所未有，具有山地特色的优势产业体系正加快形成。

五是农村产业革命推动贵州农村经济正在实现"六个转变"。2019年8月9日，国务院新闻办公室举行省（区、市）系列新闻发布会。省委书记指出："自给自足的小农经济、传统的低效粗放发展方式，难以适应现代市场经济的需要。2018年以来，贵州省开展一场振兴农村经济的深刻产业革命，把农业供给侧结构性改革、农村经济结构调整、乡村振兴的产业振兴、产业扶贫有机结合起来，采取超常规举措，深入推进思想观念、发展方式、工作作风的革命性转变。实践表明，贵州农村产业革命的效果明显，意义深刻，影响深远。贵州农业农村经济正在实现"六个转变"。一是正在从自给自足向参与现代市场经济转变。二是正在从主要种植低效玉米向种植高效经济作物转变。三是正在从粗放量小向集约规模转变。四是正在从"提篮小卖"向现代商贸物流转变。五是正在从村民"户自为战"向形成紧密相连的产业发展共同体转变。六是正在从单一种养殖向一二三产业融合发展转变。

这"六个转变"，是贵州深入贯彻落实习近平总书记关于贵州脱贫攻坚工作的系列指示精神，大力发展现代山地特色高效农业，推进农业农村现代化进程的重要战略路径；贵州是在特殊历史背景下，通过深入推进农村产业革命，农业农村发生深刻变革的真实写照；是贵州农业产业发展由"扩量增产"向"提质增效"大踏步迈进的历史转折；是省委、省政府对贵州农业农村发展把脉问诊后力求循序渐进彻底祛除发展病灶的苦口良药；是坚决打赢脱贫攻坚战和巩固脱贫成效，有效衔接乡村振兴战略，推动贵州"三农"工作重心历史性转移的桥梁纽带；是贵州干部群众多年来艰苦奋斗的智慧结晶，是贵州省委、省政府审时度势、因地制宜探索的振兴农村经济的发展新路。

一、从自给自足向参与现代市场经济转变

贵州农村过去是自给自足的小农经济，自己种自己用。现在是面向市场，以市场为导向，参与市场竞争。经过农村产业革命的实践，各地

干部群众在实践中解放思想，自给自足的小农意识、低效粗放的发展方式形成的固有观念等不符合新时代发展要求的思想观念正在发生根本性转变。农民群众深刻认识到不能仅仅为吃而种，更要为卖而种。比如，通过几年来的产业结构调整，农民群众已经意识到种玉米挣钱少、不划算，希望政府招来企业带领他们搞农村产业革命。普安县69岁的农民周国羽说："政府搞农村产业革命，老板在这里种茶叶，我走十几里路过来做活路，每天可以挣100块钱，比自己种包谷强多了，要是老板能去我们村搞农村产业革命就好咯。"

自给自足早已不能满足贵州高质量发展要求和需要，想要实现脱贫攻坚战的全面胜利以及乡村振兴良好开局，贵州农业农村经济必然要与市场经济全面接轨，充分发挥市场在资源配置中的决定性作用，同时要更好发挥政府作用，把农业农村经济发展起来，彻底摆脱计划经济残存的影子。要强化市场观念和商品意识，进一步从自给自足的小农经济的思想桎梏中解放出来，充分运用市场化手段发展农业，以市场需求为导向，以结构调整为抓手，延伸产业链，提升附加值，加快产业发展的市场化进程。要强化科技兴农意识，深入实施"万名农业专家服务'三农'行动"，推动省、市、县三级科技特派员面向基层特别是贫困村开展科技服务，按产业领域组建技术服务团队，健全农业科技服务体系，提高服务能力水平。要强化品牌意识，对已经选择并迅速做大规模的农业产业，要加强农产品文化创意，把产品开发、包装设计、质量标准、品牌策划、市场推广和营销服务结合起来，提升品牌影响力。

二、从主要种植低效作物向种植高效经济作物转变

贵州省属于高原山地，人均耕地少，土壤瘠薄，水利灌溉条件差，玉米单产水平不高。加之这些年全国粮食连年丰收，玉米库存与消费比高达50%，市场供过于求，玉米卖不出好价钱。贵州省农村种玉米的亩产值只有六七百元，农民养家活口没问题，要想靠种玉米脱贫致富？根本没可能。而同样的土地用来种中草药、蔬菜、食用菌，一亩收益分别是玉米的9倍、10倍、46倍，玉米"食之无味、弃之可惜"，"鸡肋效应"愈发明显。不仅经济效益不划算，山地种植玉米造成水土流失问题逐渐引起重视。从历史来看，清代以前贵州生态保存良好，甚至还偶有老虎吃人这种"骇人听闻"的故事被史书记载。但自清代广泛种植玉米后，贵州生态环境发生明显改变。但凡玉米产量较大地区，都成了石漠化较为严重地区，玉米种植较早的县，石漠化程度也较深。可以说，玉米在一定程度上"养活了"贵州人，也"坑惨了"贵州人。不光"妨碍"农村群众富起来，还"涉嫌"破坏我们本就脆弱的生态环境。

这几年针对低效玉米进行大幅度结构调整，种上了蔬菜、食用菌、茶叶、水果、中药材等高效经济作物，群众收入明显提升，为脱贫攻坚乃至乡村振兴都打下了坚实的基础。贵州的特色产业发展越来越好，比如，贵州茶叶现在全国种植面积最大、产量最高、质量最好，辣椒、火龙果种植规模都是全国第一，贵州农产品正在走向全国。

贵州农业的优势在特色。要在加强基本口粮田建设、提高粮食自给能力的基础上，推进农业结构调整，着力发展现代山地特色高效农业。为

了使有限的土地创造更大生产效益，我们要赋予贵州现代山地高效农业准确、丰富的内涵，跟平原地区比，要有突出的特色，平原地区种不了的贵州种，平原地区没有的季节农产品贵州有。要着力抓好抓实12个重点产业。聚焦12个特色产业强化各产业工作专班牵头抓总作用，坚持特色化、规模化、标准化、品牌化、绿色化，推动"优势产业优先发展、优势品种率先突破"。按照12个特色产业发展规划和2020年推进方案，加强统筹协调和督促指导力度，全面完成年度任务，努力把12个特色产业做大做强。指导县里进一步选好主导产业选择适宜当地发展的特色优势产业。要大力发展林下经济。贵州省森林面积有1.5亿亩，森林覆盖率达59.95%，是宝贵的产业扶贫资源。近几年，有些地方在发展林下经济方面作了成功的探索，如安龙的林下石斛、赤水的林下竹笋、盘州的林下中药材、大方的林下天麻、西秀的林下养鸡等。林下经济潜力很大、前景很好。玉米调减下来之后，要结合农产品销售情况，认真研究市场需求，对产业品种进行再比较、再优化，突出重点、聚焦优势，加快扩大规模、提质增效。比如，从江县阳光充沛、土壤肥沃，自然条件适宜百香果的种植，结出的果实果汁丰沛、口感极佳，为此从江县重点选择了"短平快"的百香果产业，投资7800万元建设万亩基地，覆盖贫困户1360户共5440人，目前已累计用工2万个，其中贫困劳动力0.99万个。像从江这种被实践证明见效快、效益好、带动力强的产业项目，要集中资源要素强力推进。

三、从粗放量小向集约规模转变

小农经济是富不起来的，小农业也是没有多大前途的。贵州过去样样都有一点，但都不成规模，规模效应无法凸显，形不成竞争力。现在大力推行建基地、上规模、创品牌，12位省领导分别领衔推动的农业12大特色产业发展较好，产业规模越来越大，产品品质越来越好，形势越来越好。

市场经济是规模经济，规模经济中至关重要的一个观念就是"集约化"发展，其核心意义不仅仅在于产业的规模扩大，而是推动特色产业向适度规模集中集约发展。对规模化的理解不能简单片面认为提升了产业规模（扩量增产）就是实现了规模化，而是要立足资源条件、产业基础等追求产业的适度规模经营，实现生产效益的最大化。这在茶产业发展上已经得到充分证明。当我们的茶园只有几十万亩的时候，本地没有大的加工企业，茶青往往被外省人收去加工。与平原省份相比，贵州的地形地貌要建立大规模的农产品生产基地比较困难，因此"样样都有一点，样样都形不成规模"一直困扰我们。但是，要参与现代市场经济竞争，必须破解这个难题。一是依托龙头企业发展一批。充分发挥龙头企业辐射带动作用，推动建设农产品加工基地。引导帮扶城市中一批有实力的企业在贵州共建农产品直供基地，推动"黔货出山"。二是依托市场需求发展一批。研究本省市场、东部帮扶省、市市场，因地制宜打造一批特色优势产业销售基地，争取做粤港澳大湾区菜篮子基地。三是高标准改造提升一批。大力改善基地道路、水利、供电、冷链物流、大数据平台等配套设施，强化大数据运用，切实降低生产、物流成本，提升标准化水平。改变贵州多年生产力布局，增加贵州农产品在现代市场经济中的竞争能力，是我们的一项重要任务。

四、从"提篮小卖"向现代商贸物流转变

过去贵州的农产品普遍以鲜销为主，"披头散发""衣衫不整"的多，进行精美包装、推广宣传的少，而且农产品销售主要靠路边摆摊"提篮小卖"等传统模式，现在进行产后分级包装、仓储保鲜、冷链运输、二维码产品质量可追溯、现代物流、市场营销等各个环节全面发展、全面加强。各级党委、政府的工作方式也发生了明显转变，在做产业规划时规划布局由"种养端"向"产加销"全产业链延伸，不再只管种起来不管卖出去，"订单模式""北上广深"找销路、农产品"七进"、农业保险等做法成为帮助解决群众后顾之忧主要方式。许多种养大户转变销售观念，"互联网+""淘宝网店""抖音带货""网络直播"等线上宣传销售已经成为他们的日常。全省农村电商发展迅猛，线上线下销售同步发力，大量"黔货出山"，更多的优质绿色农产品进入大城市，贵州传统的销售模式发生的巨大变化，已经与现代商贸物流高度衔接。

种养得出、种养得好是本事，卖得出、卖得好更是功夫。要加强产销对接工作。深入研究破解困扰贵州人多年的省内农产品需求和供给之间障碍的难题，找准问题症结，采取有力措施，打破原有格局，调整各方利益，切实提高本省农产品在省内市场占有份额。普定县在选择韭黄作

为"一县一业"产业时，就非常重视产销对接工作。韭黄本是该县传统产业，有上百年种植历史。但是，如果要在全县大规模种植，必须问问市场。在对市场进行充分考察后，作出将韭黄作为普定的主导产业的决策，种植面积从2017年的0.8万亩发展到2018年的8万亩。2019年全县已种植韭黄10万亩，可采收面积3万亩，预计可实现产量6万吨、产值3.6亿元，解决2万人就业，带动1.3万户贫困户户均增收3000元以上。要健全市场流通体系。强力推动农产品流通体制改革，建立健全从基地到餐桌的市场交易、现代物流、冷链运输体系，尤其要在农产品采后处理、集配分拣、初级加工、冷链运输等环节取得重点突破，降低交易成本，减少流通损耗，扩大销售半径，提高经营效益。要大力培育建设一支农村经纪人队伍，活跃流通市场，拓宽农产品销售渠道。要加快发展农村电子商务。农村电子商务对贵州有特殊意义，一是促进农产品的流通，增加农民收入；二是有利于促进山区经济结构调整。贵州山坳多、小气候多，可大力发展特色农产品，对没有大的坝子难以建立大型基地的地方，可以通过大力发展电商，把各种特色农产品销售出去，这是发展山区特色经济的又一条路子。要积极完善电商扶贫服务体系，拓展线上销售市场，培育线上品牌，通过电商销售更多优质农产品。运用大数据和电商平台发展高品质、个性化的"私人定制"农产品，大幅度提高附加值。

五、从村民"户自为战"向形成紧密相连的产业发展共同体转变

　　过去，贵州发展农业普遍存在"东家瓜、西家李""企业看着群众干、群众看着企业赚""各干各的产业、各跑各的市场"等情况，通过推进农村产业革命，发展12个农业特色优势产业，实行"整县推进""一县一业"等。干部群众发展产业大力推广"龙头企业+合作社+农户""合作社+农户"等多种经营组织形式，以合同、订单、股份合作等形式形成产业共同体、利益共同体，有效提升农民参与市场竞争的组织化程度，带动了农户生产经营水平提高，促进了农民增收致富，增强了农民抵御市场风险的能力。

　　组织方式是"八要素"的第五条。有了组织方式，其他要素如产业选择等，才会有"着床"的地方。组织方式是农村产业革命很好的载体。拿养牛来说，养什么品种、到哪里买牛、以什么价格买？怎么养、需要种什么草？养好后怎么卖、到哪卖、卖什么价？这些都涉及许多具体问题，必须把农民组织起来，带着他们一块做。不能把帮扶的钱打到贫困户卡上就不管了，让他们自己去买牛、养牛再卖牛。从实践来看，"龙头企业+合作社+农户"的组织方式，有效提升了农民参与市场竞争的组织化程度，也增强了农民抵御市场风险的能力，效果非常好。这里面最重要的是要完善利益联结机制。贫困群众在利益分配中往往处于弱势地位。各级党委、政府要注意研究完善产业扶贫利益联结机制，促进龙头企业、合作社、农民形成紧密相联的产业发展共同体，维护农民合法权益，确保农民稳定获得收益，有效防止"垒大户"和"富了老板，穷了老乡"的现象。

　　以县为单位统筹推进农村产业革命，可以有效避免由于乡镇、村整合资源能力弱导致产业发展不起来的情况，是解决村民"户自为战"的重要方法。要强化县级主体责任，县级党政"一把手"要亲自抓农村产业革命，带头组建工作专班，统筹整合联动、跨界打通融合，做好产业布局、培训农民、技术服务、对接市场等工作。要加快县级流通平台建设，提高产销对接、开拓市场的能力。要充分发挥县级党委、政府整合资源的作用，把各方人力、财力、物力整合在一起，凝聚强大攻坚合力，避免各自为战，同时，强化对乡镇和村的服务指导。强调以县为单位推进农村产业革命，是一个指导原则，具体到每个县，情况差别很大。

六、从单一种植养殖向一二三产业融合发展转变

以前，贵州农产品主要以生鲜为主，大众化产品较多，绿色、高端化、高附加值的产品较少，进入到市场的农产品大多是初级农产品。而且产业链普遍不长，农产品初加工及精深加工能力较弱，鲜品和粗加工产品多，精深加工产品少，产品附加值低。农业特色产业现代化水平整体不高，集聚现代种养、加工流通、物流配送、电子商务等的全产业链的融合效果比较差等问题比较突出。通过近年来深入推进农村产业革命，全省干部群众思想观念发生了巨大变化，农业发展方式也随之发生了根本性改变，不但特色产业种养殖上了规模，而且二三产业也如雨后春笋般"疯长"起来，健康养生休闲观光、乡村旅游、避暑康养等产业等加快发展，生物工程、生物萃取、制药工程、种源研究等高端技术被应用到农产品深加工，不断提升产业发展效益。比如中药材产业中的天

麻建立了从种植到精深加工的完整产业链，开发主要产品有全天麻胶囊、复方天麻片、天麻酒、天麻冻干粉、天麻咀嚼片等。整体而言，全省特色农业产业由单一种养殖不断向一二三产业融合发展，农产品的附加值明显提高，农村经济结构正在发生深刻变化，不仅有效促进农民增收脱贫，也有力推动了乡村振兴。

但是，我们也清醒地看到，我省特色农业产业一二三产融合发展仍在起步阶段，还有很长的路要走。想要三产融合发展有量变到质变的飞跃，离不开继续围绕农村产业革命，大力发展高端设施农业。高端设施农业比较收益高，也是一二三产业融合发展的基础和载体。要以蔬菜、水果等为重点，按照技术高端、装备高端、管理高端、产品高端的要求，在有条件的地方大力推动高端设施农业发展。大力发展农产品加工业。大力培育发展蔬菜、精品水果、食用菌等农产品产地初加工，鼓励规模以上企业发展畜产品、茶叶、中药材等精深加工，提高农产品加工率和商品率，构建多元化主体、产加销配套、全产业推进的农产品加工业格局。要加大产品开发力度，注重新食品原料、食药同源食品开发，依靠科技进步，推进农产品向功能食品、营养保健、生物医药产品转化。大力发展休闲农业与乡村旅游业。加快推进农业与旅游、教育、文化、体育、健康养生等产业深度融合，培育发展以休闲观光、农事体验、养生养老、创意农业、农耕文化传承为重点的乡村旅游业，打造一批主导产业突出、休闲功能配套、旅游要素差异配置的休闲观光农业与乡村旅游目的地，形成水林田交相辉映、产村景旅互动融合的乡村旅游发展格局。

第三篇

典型案例

一、茶产业案例

案例一：遵义市茶产业助推脱贫攻坚案例

遵义产茶历史悠久、自然地理条件优越。通过多年发展，茶叶成为我市农业主导产业之一，逐步成长为名副其实的扶贫产业、富民产业、生态产业，为助推遵义农业农村经济社会发展和脱贫攻坚发挥了重要作用，为乡村振兴作了有益探索。

遵义始终坚持把茶产业与脱贫攻坚、富民强县有机结合、深度融合，以茶产业发展带动脱贫致富。从2006年到2016年，种植万亩以上茶园的村达到了25个、0.5万~1万亩茶园的村138个，涉茶贫困乡镇茶园面积从14.142万亩发展到124.93万亩；茶产业带动16个贫困乡镇、129个村、11.4万人脱贫致富，贫困乡镇人均年收入也从2006年的1320元提升到6246元。2017—2018年，茶产业带动全市3万人涉茶贫困人口脱贫，涉茶贫困户年人均增收2830元。全市累计带动5.14万人贫困人口脱贫，带动的贫困户年均总收入6137.5元，人均增收2405.7元。2020年全市投产茶园面积172万亩，茶叶产量16.49万吨，产值146.7亿元，茶青产值超过百亿元，100多万涉茶农民人均增收2768元。

遵义市各级党委、政府高度重视、思想统一，久久为功持续抓茶产业。始终围绕建设"中国茶叶第一市"的目标，上下一心，一届接着一届干，全力突破茶产业。

推进基地规模化建设。进入新世纪以来，遵义茶产业在中央和省委

2020年贵州省茶产业大会在遵义市湄潭县召开（伊　航　摄）

省政府政策支持和全市努力下，实现了快速发展。1949年至2006年，全市仅有茶园34万多亩，而在2007年至2013年的7年里，全市新发展茶园138万亩，茶叶产业由"盆景效应"演变为"茶海效应"、规模效益，遵义市茶园集中连片的"万亩茶海"近10个；2014年底，遵义发展成为贵州茶园面积最大、产业集中度最高的茶区。到2016年底，遵义市茶园总面积达到200万亩，其中湄潭县60万亩，凤冈县50万亩，正安县25万亩，道真县16万亩，务川县10万亩，余庆县13万亩，其余县（市、区）均有分布。万亩以上的乡镇有56个、村35个；种植15亩以上茶园的家庭农场11050户，专业合作社415家。

加快茶叶经营主体培育。在做大基地规模的同时，各级政府集中精力解决加工和销售链条中出现的瓶颈问题，通过土地优惠、贷款贴息、政策奖励等措施，培育经营主体和龙头企业，通过出台政策、招商引资、鼓励企业加快设备改造提升等举措推动加工企业集群集聚，初步形成大中小并举的企业集群。2006年发展茶产业初期，我市仅有加工企业41家，且（销售额500万以上）规模企业仅有7家，年加工能力仅1.5万吨。通过培育经营主体，全市茶叶加工能力和产能大幅提升，到2020年全市茶叶注册企业1506家，其中国家级龙头企业5家、省级龙头企业52家、市级龙头企业104家，规模以上加工企业（合作社）466家；茶叶专业合作社412家，加工大户886个，具有进出口资质的企业52家，加工能力20万吨以上。湄潭、凤冈、余庆、正安、仁怀等5县（市）340家茶叶加工经营主体集聚在13个园区，其中：加工企业222家，专业合作社105家，家庭农场13家。总投资

遵义市湄潭县永兴茶海景区（胡志刚　摄）

14.2亿元，实现总产值40.16亿元，总销售收入35.75亿元。其中效果较明显的有湄潭、凤冈两县的茶叶园区，初步达到了产业集聚区的效果。同时，鼓励茶企改建现有加工设备，引导社会、金融资本发展茶叶加工，实现加工从作坊式向自动化、清洁化加工生产线转变，全市通过SC认证企业275家，通过ISO9001、SIO2000、HACCP等质量体系认证企业80家，有清洁化生产线1034条。

注重市场与品牌建设。按照贵州省"三绿一红"品牌战略，以"遵义红""湄潭翠芽"等公共品牌宣传为引领，坚持"请进来"与"走出去"相结合持续在目标开展品牌宣传和推介，已在北京、上海、深圳、山东、东北、西北等地持续多年推介宣传和加强营销渠道建设，全市有省内营销店（点、窗口）7452家，省外有销售点4719个。在市场打造方面，2015年投入运营的农业农村部（茶叶）定点专业批发市场——中国茶城年交易量约2.0万吨、年交易额约20亿元。每年举办的贵州省茶产业博览会，积极把国内外茶叶企业和经销商请进来，至今举办了12届，是"中国十大茶事样板"贵州茶与国内外交流的桥梁。2020年的"网上茶博会"上传商家59款产品，销售额1149.52万元，累计销售产品65 822件，平台浏览量687万次以上。在茶叶专业村或集中区域建设茶青交易市场42个，茶青交易额占总交易额的80%以上。

创新推广利益联结机制。为创新茶产业组织模式，增强茶产业带动贫困户增收致富能力，在茶产业发展中，不断完善利益联结机制，大力推广"龙头企业（合作社）+农户+基地""村集体经济组织+企业+农户+基地"等组织模式，在辐射带动、吸纳就业、入股分红、合作发展等利益联结机制方面保证了各方利益，增加茶农收入。全市企业或合作社与农户建立紧密利益联结机制的占总数的75.5%，企业与合作社联营的茶园面积34.0万亩，农户加入合作社茶园面积94.33万亩，全市涉茶农户人均收入超过1万元，涉及贫困农户1.65万户5.49万人因茶脱贫。通过企业、合作社的辐射带动，使茶农、茶企、茶叶专业合作社成为利益共同体。

推进一二三产融合发展。在做大做强茶叶一、二产同时，按照三产融合发展理念，推进茶产业与文化、农业园区、特色村镇（茶叶专业村）建设等元素结合，实现茶旅、茶文化一体化发展。挖掘茶文化与浙大西迁文化、中国现代茶工业文化及自然山水等相融共生内涵，建成了贵州省茶文化生态博物馆、中国茶工业博物馆、中华茶道馆等茶文化景点，打造了茶海之心、万亩茶海、翠芽27°景区、七彩部落等茶旅融合景区，出版了《茶的途程》《娄山茶源》等一批茶文化丛书和宣传片，实现全年茶旅游接待人数在500万人次以上，通过产业兴旺推进乡村振兴。

案例二：花溪区茶产业实现从传统的粗放量小向高标准集约规模化转变

贵阳市花溪区久安乡先后被授予"全国造林绿化百佳乡""中国重要农业文化遗产""贵州十大茶旅目的地"等称号，是中国文坛画苑历史名人"茫父"的故乡。久安乡依托山上现有的5.4万余株古茶树资源，通过贵州贵茶公司为代表的龙头企业带动，把粗放量小、种植缺乏技术标准、生产效率低下、加工设备老化传统粗放型的小型合作社、茶叶种植散户整合起来，不断扩大茶树种植规模，将茶产业做大做强。在这条粗放量小向高标准集约规模化转变道的路上，从六个方面加大创新，促进茶产业步步升级。

高标准建设促茶产业提档升级。以贵茶公司为载体，建成高标准生态茶园2万亩，建成了"古茶树保护、标准化种植、茶叶深加工"为一体的全省高效茶叶示范园区，园区累计投资9.47亿元。引进3条国际先进茶叶加工生产线，以欧盟标准为参照，结合"绿宝石"生产实际，制定并颁布实施了贵州省地方标准《绿宝石绿茶》DB52/T997-2015和《绿宝石专属茶园栽培技术规程》DB52/T999-2015。园区制定并颁布实施了贵州省地方标准《绿宝石绿茶加工技术规程》DB52/T998-2015。园区耗资3000万元从日本引进"绿宝石"自动化生产线，实现了茶叶生产机械化、智能化。率先引进物联网技术，建立贵州省茶叶质量安全云服务平台，实现茶叶全程可视化监管。园区在茶园和茶叶生产区安装了34个摄像球机，用于采集视频，将茶园风光、农事活动和加工厂的生产情况直接展示给消费者。

延伸产业链促村集体经济不断壮大。结合农村"三变"改革，通过采取"公司+基地+集体+农户"模式，从基地建设-生产加工-产品销售等环节，不断延伸产业链，按照"户户有增收项目、人人有脱贫门路"的目标，带动农户参与，鼓励农户将土地入股公司参与固定分红等方式实现增收。此外，通过茶叶种植、茶叶采摘、茶叶加工等多个环节，吸纳劳动力就业，多方面实现就业增收。

久安乡九龙山茶园（刘　满　摄）

围绕中心大局促高一格脱贫。花溪区始终围绕脱贫攻坚这项中心工作，通过发展茶产业，实现"三带动四扶持"助推产业精准扶贫，"三带动"即：产业带动、创业带动、项目带动；"四扶持"即：教育扶智、文化扶志、就业扶富、设施扶美。带动全乡3200余户共12 000余人全面参与到茶产业中，直接带动久安乡210户共380人低收入困难群众高一格脱贫，人均增收4800元，助推全乡168户贫困户全部脱贫。

辐射带动促联盟发展。通过贵茶公司充分发挥龙头带动示范作用，开创了"贵茶联盟"产业模式，在全省吸纳各类茶叶生产企业加盟，订单收购全省22个县51家联盟企业茶叶，辐射带动全省脱贫致富，惠及全省16个贫困县，47个贫困乡，260个贫困村，30 878个贫困户，104 770个贫困人口。

文化挖掘促茶旅融合。深入挖掘茶文化、茫父文化、生态文化和少数民族文化，以文化塑魂，探索"茶文旅一体化"发展新路，助推茶产业"接二连三"。

高端品质促品牌创建。久安茶叶品质过硬，已通过欧盟463项指标检测，远销德国、美国、法国、加拿大等9个国家和地区，先后开发出"红宝石""绿宝石"系列和"久安千年红""久安千年绿"古茶系列等知名品牌。

花溪区通过这几年来的不懈努力，不断巩固茶园建设、提高产品生产标准、强化产业带动、延伸产业链条、丰富茶文化内涵，通过茶产业从传统的粗放量小向高标准集约规模化转变，特别是久安乡，真正实现了"煤

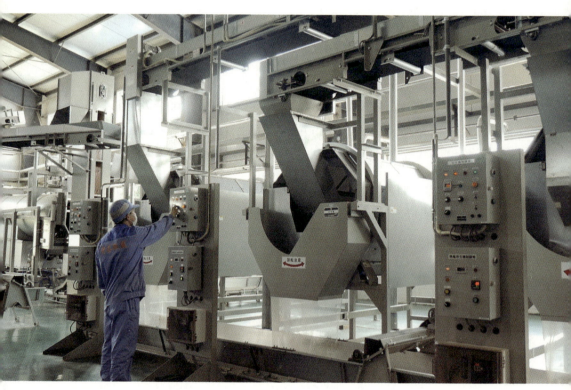

贵州贵茶（集团）公司绿宝石加工生产线（伊　航　供图）

山变茶山，矿工变茶农，茶区变景区"的美好愿景，老百姓的安全感、幸福感、获得感得到极大提升。

案例三：雷山县茶产业从"提篮小卖"向"现代商贸物流转变"

改造加工生产车间，确保提升产值产量。雷山县立足优越的自然环境、底蕴深厚的苗族文化，以西江千户苗寨5A级旅游景区的带动，以"雷公山茶"公共品牌为依托，结合独具特色的神秘银球茶制茶工艺，在茶文旅融合上做足了文章，新开发以茶为主题的旅游精品项目，既拓宽了茶产业的功能与范畴，也丰富了旅游文化的内涵与外延，以茶兴旅、以旅促茶，茶产业发展的内生动力不断增强。全县坚持"以旅促茶、茶旅互动"的理念，完成银球茶车间提升改造竣工验收，逐步实现企业加工车间统一规模化改造，将雷山银球茶从过去的小作坊生产升级为现代化商品。省农村产业革命茶产业发展领导小组对雷山乌开银球茶产业园区7家企业改造总投资 500 万元，改造后，7家茶企业每年共计可生产雷山银球茶 105 吨，每公斤银球茶按平均市场价 1600 元进行销售，每年销售额可达 1.68 亿元。

打造景区特色门店，促进茶旅融合发展。位于西江千户苗寨各网红打卡点的五家"贵州绿茶"门店已于2020年建设完成，门店以贵州雷山本地茶为原材料，创造多元化茶饮体验，在改变传统茶饮茶楼体验的旧模式上考虑多年龄段和受众人群的茶饮需求，消除传统消费时间界定，创造新

银球茶传统工艺提升、厂区车间改造，融入民族文化元素（伊 航 摄）

的多样化消费,将当地苗侗文化、生活态度、群体精神、当地特色餐饮、独有的音乐类型充分融合,打造具有苗侗文化的超高品质的全方位服务体验,将打造国内茶旅结合发展新模式。

建设茶叶交易市场,发展壮大市场竞争能力。雷山县雷公山茶叶交易市场建设让当地茶产业向着现代商贸物流转变,交易市场共有商铺36个,占地3000平方米,距离凯雷高速公路出口1.5公里,交通十分便利,利用安置小区门面资源,打造集茶产品品鉴、展示、体验、销售为一体的茶产业展示区。前三年免租金,后2年租金减半的5年优惠政策,让有意愿的企业进行入住,并对26个门面进行封装修,无偿提供给企业使。茶叶交易市场的建成,将有助于解决易地搬迁安置区劳动力安置,促进雷山茶产品营销水平和提升雷公山茶知名度和美誉度。2020年上半年,全县2020年茶青下树产量15 102.77吨,茶产品产量3596.04吨,产品产值5.394亿元。

整合扶贫资源资金,创办龙头茶叶企业。为推进雷山县的茶叶扶贫项目,吉利控股集团和杭州市提供对口帮扶资金2253万元,在雷山县兴建了一个现代化茶旅文化扶贫示范项目的茶叶加工厂——贵州雷山云尖茶业实业有限公司,引进了高端制茶设备,集生产、加工、包装、研发及销售为一体,实现了制茶工艺的全自动化、无尘化、高端化,量身定制了"雷山云尖"各系列品牌。贵州雷山云尖茶业实业有限公司依托雷山茶叶资源禀赋,坚持以"精准扶贫"和"产业带动"为原则,以发展雷山县茶产业为主导,通过新建标准化茶叶加工厂、标准化茶园建设和茶旅综合配套设施建设等方式,带动当地贫困户脱贫致富。2020年,贵州雷山云尖茶业实业

一场别开生面的雷山银球茶现场拍卖会，在西江盛典演出现场举行（伊 航 摄）

西江千户苗寨内的贵州绿茶品牌店揭牌（伊 航 摄）

有限公司累计收购全县茶农茶青375吨，实现产值约1600万元，兑现茶农茶青收购款450万余元，惠及茶农22 000余人次，其中：惠及建档立卡贫困茶农12 000余人次，兑现贫困户茶青款230余万元。

2020年，雷山县茶园面积达到16.24万亩，其中可采摘面积13.05万亩。全县注册茶叶加工企业156个，2020年茶青下树产量25 150吨，茶产品产量5030吨，综合产品产值10.6亿元。

二、食用菌产业案例

案例一：安龙县食用菌产业发展"六个转变"

近年来，安龙县紧紧围绕"八要素"找差距补短板强弱项，纵深推进农村产业革命。按照"政府筹资建设，产权村级所有，农户租用孵化，企业保底收购，实现四方共赢"的扶贫思路，抓住引入"企业家、科学家、银行家""三家"关键措施，以"五个三"为抓手，不断在资金整合、政策支撑、要素聚集等方面下功夫，在强化利益联结上精准发力，全力推动食用菌产业逐步实现现代农业"六个转变"。

坚持全区域布局，强化产业规模化、集约化，食用菌产业逐步实现从粗放量小向集约规模转变。按照园区示范引领实现"顶天立地"、乡镇小区拓展延伸实现"铺天盖地"的"一园九区"产业发展全域布局，2016年至今，企业从1家发展到19家，培育国家级龙头企业1家、省级龙头企业3家、州级龙头企业5家、专业合作社48家。种植种类从单一的香菇发展到木耳、平菇、羊肚菌、大球盖菇、海鲜菇、蟹味菇、竹荪等10余个品种，专业合作社从无到有发展到48家，种植规模从200亩发展到3万亩，产量从500吨发展到13万吨，产值突破14亿元。安龙县食用菌全产业链生产示范园已有22家菌种研发、菌棒生产、产品加工和流通企业，种植面积超过3万亩，菌材基地5万亩、菌棒（袋）加工厂5.57万平方米，生产销售环节各类车间1.68万平方米，于2020年4月成功获批国家现代农业产业园。

坚持精准联结农户，强化头号产业益贫能力，逐步实现低效作物向种植高效食用菌产业转变。坚持推广"政府+龙头企业+合作社+基地+农户"模式，以统一年度规划和产销计划、统一供种、统一技术、统一收购、统一加工、统一质量、统一品牌、统一销售、分户种植、保底收购、鲜菇按等级二次返补差价的"八统一分一保二返"模式为核心，先后探索形成了食用菌"1210"（1户贫困户每年种植2个标准大棚，1年种植两季收入10万元以上）、食用菌"一包三保"（政府将扶持政策向食用菌企业倾斜，企业对建档立卡贫困户进行包保，做到保培训，保种植、务工收入，保产业分红）等利益链接机制，全面保障村民在产业链、利益链、价值链中的收益和份额，形成了风险共担、利益共享发展机制。截至2020年10月完成食用菌种植3.4万亩，其中，高标准大棚食用菌种植2.1万亩，林下食用菌种植1.3万亩，直接带动农户4506户共19 026人参与种植，78 430余人次入企、入棚、入林务工。

坚持全产业链发展，强化产业融合发展。围绕全产业链发展，抓住食用菌精深加工、物流运输、市场销售、农业废弃物综合利用、农旅发展等关键环节，不断补齐产业链短板，完善产业链条，推动食用菌产业逐步实现一二三产融合发展。国家级龙头企业贵州景地生物科技有限公司建成年加工5000吨鲜品的VF技术果蔬脆片加工生产线3条,创建"景地脆香园"商标,主产以香菇为主的果蔬脆片速食产品,并获得有机、无公害产品认证。成功申报农业废弃物综合利用项目,将废弃菌棒、农作物秸秆等农业废弃物与畜牧养殖粪污综合利用生产有机肥,沼液进行沼气发电,实现农业废弃物资源的循环利用,预计2021年正式动工建设。依托县食用菌高标准产业核心园区,以采摘体验、休闲、徒步、骑行、观光、周末游等活动为载体,配套建设蘑菇广场和蘑菇观光大道;在蘑菇小镇、双龙小镇、五福小镇三个新市民居住区周边,布局以香菇、木耳为主的林下菌产业核心区5000亩,以多点、连线、成片的思路,将核心区打造成为"香菇采摘体验园""木耳公园",发展休闲观光农业,以一产连三产,强化产业融合发展,推动实现农旅一体化发展。打造区域性市场,形成市场聚集优势,启动建设食用菌加工仓储物流园一个,构建集贸易、洽谈、电子商务、储运、精深加工、产品展示、服务、信息于一体的多功能西南区域性综合交易市场,主要建设科技服务、初深加工、冷链物流运输、仓储、产业组团等板块。其中一期食用菌产品展示展销中心、食用菌产品交易商贸区、多温冷藏库(保鲜库)、产品仓库、冷链物流运输体系、配送分拣中心、食用菌初、精深加工车间以及电子商务平台2020年可建成投用。

目前,食用菌产业已成为安龙县贫困群众参与度最高、脱贫效果最好、辐射面最广的脱贫支柱产业,成为推动全县农业产业逐步实现"六个转变"的强有力支撑。

案例二：义龙新区食用菌产业贯彻落实"六个转变"

义龙新区食用菌产业紧扣农村产业革命"八要素"，用好"五步工作法"，加快补齐"三农"短板，深入推进农村产业革命，实现了传统农业向现代农业"六个转变"。

从自给自足向参与现代市场经济转变。2014年，龙广珍稀食用菌现代高效农业示范园区成立，2015年，种植规模仅为0.65万亩。经过5年的裂变发展，经营主体由2015年2家发展到如今12家，菌棒生产企业由2家增加到5家，年生产规模由250万棒到如今3500万棒，产品销售也由州内、省内逐渐向福建、云南、上海、北京、浙江、深圳、广东等省外城市销售。种植菌棒由外地购入到本地生产自足自给，再向州外及省外销售发展。到2020年9月底完成食用菌种植面积1.21万亩，产量3.94万吨，产值8.65亿元，规模由小增大、产量由少增多、种植由分散到集中，由传统种植到如今的集约化、规模化、标准化、工厂化、产业化发展，由自给自足向现代市场经济转变。

从主要低效经济作物向种植高效经济作物转变。转变思想观念，提高土地单位面积的产值，发展种植高效经济作物。发展"稻—菌""菜—菌""林—菌"等立体生产模式，推进食用菌产业持续裂变发展。如黔西南州忠农羊肚菌栽培示范基地2017年开始在龙广七星长冲组开始种植羊肚菌，基地面积50余亩，主要采取稻—菌模式，5—9月种1季水稻、10月至次年3月种羊肚菌，1亩地1年能实现产值26 000元（水稻2000元+羊肚菌24 000元）。每年基地带动34户共15人固定就业，其中，贫困户5人，工资待遇按80元每天计算。人均每年务工收入8000元。

从粗放量小向集约规模转变。推广"公司+合作社+基地+农户"模式，培育新型农业经营主体，强化示范引领作用，推进多种形式规模经营，带动新区食用菌产业发展，促进农民增收致富。2017年引进全国食用菌龙头企业湖北裕国菇业股份有限公司，与国有平台公司贵州义龙新区农产品流通集配有限公司共同出资成立贵州裕农菌业有限公司，共同发展义龙新区食用菌产业。多方筹集资金建设"黔西南州义龙新区食用菌产业发展建设项目"，项目一期总投资3.2亿元，已建设年产3000万棒综合加工厂一座，及3个示范种植基地，建设大棚669个。目前，共带动各县易地扶贫搬迁群众共340户进行大棚食用菌种植，其中望谟241户，册亨69户，晴隆30户。自2019年5月第一批进驻大棚开展种植以来，已回购各等级香菇535万斤，收购产品产值1375.28万元，实际支付种植户资金411万元，有效带动各县易地扶贫搬迁群众增收致富，真正做到让搬迁群众"搬得出、稳得住、能致富"。

从"提篮小卖"向现代商贸物流转变。义龙新区在食用菌产业发展产销对接上，主要采取电商销售和现代物流运输的方式。如贵州裕农菌业有限公司生产的香菇，由公司提供菌棒和回收产品，合作社组织农户种植，并参与管理，公司按每棒0.05元的管理费付给合作社，公司提供菌棒生产、技术服务和指导、并按保底价回收产品，最后由公司统一收购到保鲜库按级筛选分类统一销售。2020年利用扶贫资金300余万元在德卧、龙广、雨樟等地建设了冷库、冰库，食用菌已从"提篮小菜"向现代商贸物

义龙新区德卧林下菌药基地一角（义龙新区融媒体中心　供图）

流转变。

从村民"户自为战"向形成紧密相连的产业发展共同体转变。义龙新区按照种植模式多样化、销售渠道多元化、群众受益最大化的思路，发挥食用菌示范基地龙头带动作用，按照建设贵州西南部重要的山地特色食用菌产业发展区和面向粤港澳大湾区市场的重要蔬菜直供基地定位，依托"贵义龙""金黔覃""义龙仙姑""神牧菌"等品牌优势，发展订单农业带动农户。2020年，贵州裕农菌业有限公司通过食用菌产业，已带动册亨、望谟、晴隆易地扶贫搬迁户340户，形成了紧密相连的产业发展共同体。

从单一种植养殖向一二三产业融合发展转变。积极推动加强食用菌产业一二三产融合发展，在龙广建设了省级菌种繁殖基地1个，引进和培育菌棒生产企业5家，建设食用菌示范种植基地6个，同时种植种类多元化发展，2015年种植的只有红托竹荪、姬松茸、大球盖菇的基础上，新增引进虎奶菇、黑木耳、黑皮鸡枞、秀珍菇、香菇、羊肚菌、灰树花、榆黄蘑等种类。2020年在龙广投资1400万元建设农业产业循环项目，在德卧聋飘规划用地面积3000亩，发展林下食用菌1000亩，林下中草药材1000亩，菌草种植1000亩，打造集林下菌药产业科研、菌材药材育苗、食用菌溯源标准化种植、林下菌药专业人才培训、现代农旅等为一体的"一中心四基地"示范性基地。申请的宁波东西部扶贫协作对口帮扶项目资金500万元，通过黔西南州义龙新区林下经济产业运营有限责任公司量化入股到德卧镇三个贫困村，每年按投入资金不低于5%的比例分红，将此分红的70%用于给

义龙新区云屯林下基地工人在采收香菇（义龙新区融媒体中心　供图）

355户共1561人贫困户补短板，20%用于发展壮大村集体经济，10%用于村社合一合作社作管理费。项目用工优先解决建档立卡贫困户稳定就业，增加农户和贫困户工资性收入，通过林地和耕地流转增加家庭财产性收益，稳定巩固脱贫成效。

案例三：水城县食用菌产业发展"六个转变"案例

水城县深入贯彻落实农村产业革命，大力发展食用菌产业。

从自给自足向参与现代市场经济转变。2017年以前，水城县全县食用菌只有发耳等个别乡镇零星发展食用菌种植，总面积727亩，产量38.5吨，产值270万元。为提高产业效益和竞争力，遵循"全产业闭合生态循环发展"理念，全县总投资近4.5亿元发展食用菌产业，在菌种菌棒生产、种植基地的基础上，配套建设了食用菌冷链物流中心、泡沫塑料框厂和有机肥厂。水城县立足生态优势、生物多样、菌类品种丰富的资源禀赋，积极打造多品种食用菌基地，推广"一菇多季，一季多菇"种植模式，实现了全年订单化生产。

从主要种植低效作物向种植高效经济作物转变。水城县食用菌产业流转土地6050亩，建成5084个种植食用菌出菇大棚，覆盖水城县21个乡镇38个点，占地面积约110万平方米（含错季烤烟棚11.8万平方米），每年可种植食用菌两季以上，每亩可种植食用菌1万棒以上，按照每棒出菇0.6斤计算，亩均出菇6000斤，扣除菌棒、人工、大棚折旧、运输等成本费用，每

水城县杨梅菌种厂（胡家旺　摄）

亩净利润1万元以上，实现了主要种植低效作物向种植高效经济作物转变从粗放量小向集约规模转变。

从粗放量小向集约规模转变。水城县食用菌原来以农户人工种植为主，设施设备简陋，基本以小拱棚和简易塑料大棚和生料栽培或常压灭菌栽培为主，种植水平粗放，种植规模小，1户农户只能种植成千棒以内。现已建成菌种场2座，阿戛群福菌种场，占地面积约80亩，总投资3000余万元，年产0.1亿棒；杨梅姬官营菌种场，占地面积约155亩，总投资近1.4亿元，年产2.2亿棒，主要建有自动生产线6条共42台短棒装袋机、半自动生产线2条共32台长棒装袋机、灭菌柜35台、菌种培养罐150个、十万级净化接种车间5200平方米、标准化养菌车间2.49万平方米、堆料场1.2万平方米、培训学校1300平方米等，实现了从粗放量小向集约规模转。

从"提篮小卖"向现代商贸物流转变。2018年以前，农户自行种植的食用菌由于产量较小，大多销往本乡镇及周边乡镇，采取在省道国道边上用小竹篮摆放在路边叫卖。2018年以来，水城县抢抓大连市中山区、高新区、贵阳市白云区对口帮扶机遇，菌棒和鲜菇实行订单化生产，积极发展线上交易和线下对接。充分发挥线上平台优势，尝试直播带货、线上销售小程序等新媒体形式进行线上运营，加快品牌传播速率，增强品牌影响力。现已建成水城县食用菌冷链物流集散中心，占地15亩，投资1200万元，初步形成冷链、加工（分类筛选、加工、包装）完整冷链物流体系，共建成冷库11个，冷库面积1584平方米，单批次食用菌存储量达220余吨。目前已联结县内食用菌基地28个，面向重庆、四川、湖南、广东等市

水城区新街乡黑皮鸡枞种植基地（胡家旺　摄）

场。现已满足水城县食用菌发展的需要，同时也为六盘水食用菌交易提供了可靠的市场。

从村民"户自为战"向形成紧密相连的产业发展共同体转变。水城食用菌始终以"带动建档立卡贫困户脱贫"作为首要目标，助推水城县食用菌产业"脱贫三步走"。第一步，解决务工就业。全产业链解决固定就业865人（贫困人口201人），临时用工4400余人次（贫困人口1129人）。第二步通过引导农户（贫困户）承包食用菌生产基地大棚种植食用菌，公司免费提供技术指导、优惠提供菌棒和产品保底回收，农户通过获得种植收益增加收入，目前已发展公司种植大户27户，农户种植示范户74户。第三步通过土地流转、土地量化入股、扶贫资金量化入股等方式与建档立卡贫困户建立利益联结机制，财政专项扶贫资金按年5%~6.5%量化分红，用于贫困户公益性岗位工资性补贴，脱贫攻坚后，整个产业产生的利润按3∶1∶1∶5比例进行分配，即30%用于全县公益性岗位工资补助，10%用于壮大村集体经济，10%上缴总公司，50%用于食用菌产业发展。2019年实现上缴财政分红资金1004万元，解决了县委、县政府开发的2220个贫困户公益性岗位人工工资。从村民"户自为战"向形成紧密相连的产业发展共同体转变。

从单一种植养殖向一二三产业融合发展转变。水城县依托中国科学院、省农科院力量，组建了水城县菌种研发中心，建成了集前端集食用菌菌种研发、菌棒生产，中端出菇基地，后端废菌袋加工泡沫塑料筐厂及水城县农村农业废弃物绿色循环处理中心（水城县有机肥厂），冷链物流集

威宁县草海镇大白菜种植基地（贵州省农业农村厅赵雪峰　供图）

散中心，食用菌集散中心等配套项目建设，遵循"全产业闭合生态循环发展"理念，实现了水城县食用菌产业从研发、生产、种植、销售、延展到循环经济"步步为营"，产业效益"一步到位"，完成从单一种植养殖向一二三产业融合发展转变。

三、蔬菜产业案例

案例一：威宁"三白"从"提篮小卖"向现代商贸物流转变发展案例

威宁自治县立足自身气候、土壤、区位等优势，始终把发展蔬菜产业作为助推脱贫攻坚的重要产业之一，加快蔬菜"绿色、高效、优质"发展步伐，以"三白"蔬菜为引领，夯基础、谋种植，全力扩大夏秋喜凉蔬菜栽培面积，为做好蔬菜产业发展，确保威宁自治县蔬菜产的好、卖得好，全县精心搭平台、全力建物流、用心抓对接、强力拓市场，实现产、供、销一体化，提升蔬菜商品化销售力度，推动蔬菜产业高质量发展。

加强组织领导抓产销。成立以县委、县政府主要领导任组长，县委、政府、政协、农业农村局相关领导任副组长，县委办、政府办、工业和信息化局、农投公司等相关单位主要负责同志为成员的农产品销售工作领导小组，每月定期召开会议安排部署种植和销售相关工作，及时研究解决存在问题。印发《威宁自治县加快蔬菜产业转型升级的意见》《威宁自治县蔬菜产业发展奖励扶持办法（试行）》，制定定价机制等，有力有效指导推进蔬菜种植、分拣、打冷、运输、销售等工作。

在稳固发展订单农业的基础上，做好蔬菜市场建设。加快建设并监管

咸宁县现代化育苗中心（贵州省农业农村厅赵雪峰　供图）

维护好威宁江楠现代农业物流园项目。威宁·江楠现代农业产业园由"广州江楠农业发展有限公司""贵州现代物流产业投资有限责任公司"和"贵州威宁农业产业投资有限公司"共同投资开发建设，项目位于五里岗街道，总占地面积约1500亩，包括交易区、高温冷藏库、行政服务区、配套区建筑区等。该项目于2019年11月动工建设，目前该项目一期的首开区2万平方米冷库建成，已开始运营。项目全面建成后将与威宁县发展蔬菜种植共计25万亩（全年三季）订单农业形成订单、收购、加工、分拣、集散、交易于一体的农业产业化发展局面，建设成为贵州威宁乃至西南地区的农副产品交易中心、农业农资种苗交易中心、信息中心、物流中心。

强化品牌意识，打造优势产品。作为中国南方最大的夏秋喜凉蔬菜产区，境内蔬菜产品外观、内在品质优异，干物质含量高，加之先进的冷链物流系统使上市蔬菜商品性强，达到了消费者对蔬菜产品安全、卫生、营养、新鲜的要求。近年来，威宁自治县不断强化蔬菜产品品牌意识，全力打造以"三白"等蔬菜为主的优势产品，其中"威宁白萝卜"获批国家地理标志产品保护。注重品牌打造。进一步强化品牌创建，设计制作了LOGO品牌标识，统一使用包装，重点打造以"三白"蔬菜为主的威宁高山冷凉蔬菜品牌，品牌效应更加凸显。

加大宣传推介促销售。采取"走出去"方式，分别参加云南河口，四川成都、泸州，广西南宁、柳州、桂林，湖南长沙，江西南昌等农产品推介会10余次，共签订协议80余份，签约金额约4亿余元；组织相关企业50余家到广州、上海、宜宾、重庆、贵阳等地参加产品推介会10余次，通过大量的宣传推介，大幅提升威宁县蔬菜的知名度，吸引大量商贩自行前往采购。

全方位创新销售模式。引进培育龙头企业引领销售，全县共有13家龙头企业参与蔬菜销售，其中引进县外龙头企业9家。创新扶贫销售，推出"扶贫蔬菜包"；组织开展电商销售，领导直播带货等线上销售；通过团餐配送、"七进"等方式稳定扩大省内市场，已完成蔬菜销售1.15万吨，销售金额6189.08万元。探索对口协作销售，在广州、深圳、佛山、重庆、成都、长沙等全国30余个大中城市租赁销售档口70余个。目前，蔬菜对广销售金额已达3亿元。

依托农业大数据建设，及时把控种植和市场信息。以7万亩易地扶贫蔬菜基地为核心区，建成蔬菜大数据监测系统，一方面可实时监控蔬菜田间生长状况及土壤墒情等指标。另一方面，通过大数据智能信息采集，及时把控国内各大蔬菜交易市场货源需求、价格波动等信息，为蔬菜销售提供信息保障。

加快本地销售市场建设，强化销售组织。依托江楠现代农业物流园一期项目建成投用，大力引进蔬菜销售商进驻威宁采购蔬菜。引进省外80余家优强蔬菜销售企业进驻威宁采购蔬菜，另有60余家来自省内县外的经销商直接到基地采购蔬菜，培育了县内近150人的蔬菜经纪人队伍，形成了"流通型龙头企业+经销商+经纪人"的蔬菜销售网络体系。此外，根据自身蔬菜产业发展需要成立了蔬菜销售协会，协会下设11个"销售联盟"，明确牵头负责人，统筹联盟内部销售商，根据各经销商的销售方向，综合推进威宁蔬菜有序销售。

案例二：惠水县佛手瓜从主要种植低效玉米向种植高效经济作物转变发展案例

惠水县属喀斯特地貌，石漠化面积28.32万亩，占国土面积的7.78%。石漠化区域田少地多土层薄，水土流失严重，产业基础薄弱，是脱贫攻坚最难啃的"硬骨头"。因此，在产业选择上需要立足群众认可、技术要求不高、管理成本相对较低、适应稀薄土地的现实条件。佛手瓜产业周期短见效快、技术要求不高、管理成本相对较低、与低效作物调减地契合度高，具备一定的群众基础。

佛手瓜亩产鲜果3500公斤，收益在4500元左右，是玉米种植的6倍。龙须菜亩产2500公斤，收益在10 000元左右，是玉米种植的13倍。通过合理安排套种间作、立体种养和茬口衔接等，探索形成一批"321"[1]高效立体复合种养新模式，玉米改种佛手瓜的增收效果显著。佛手瓜主要生产期为5至11月份，采摘期长、产量高、口感好，能够满足珠三角及本省本地市场夏淡蔬菜需求，市场前景广阔，在现实条件与市场需求的综合考量下，把佛手瓜产业作为农村产业革命主导产业在全县尤其是深石山区大力推广。

统一品种。充分调查研究，针对品种分散、单一品种规模小、无法有效对接大市场的弊端，佛手瓜统一选用瓜皮较为饱满光滑，颜色嫩绿，刺少或无刺，食用时可不削皮的优质"无刺绿皮瓜"为主栽品种。龙须菜统一采用"龙须二号"品种。全县建设高标准育苗基地3个，年育苗量65万株以上，基本上满足集中规模供苗需求。

---

① 旨在通过不同种养模式的优化组合，推进产业结构调整，从而提升产值。

惠水县好花红弄苑村佛手瓜种植基地（贵州省农业农村厅赵雪峰　供图）

统一标准。编制《惠水县佛手瓜全产业链标准化规范》，明确育苗移栽、田间管理、采收采摘、分级包装、储藏运输以及资金投入、架材规格、绿色生产、质量安全溯源等从产到销各环节的操作标准。组织各环节相关参与人员进行专项培训，加强对标准的执行情况进行定期检查反馈，实现一个标准全县通用贯穿整个产业链。

统一品牌。实施品牌强农战略，以提升惠水佛手瓜产品质量和产业形象为核心，设计"惠水佛手瓜"品牌 LOGO，统一管理使用。推行绿色标准化生产，省农产品质量安全监督检验测试中心对惠水县5个佛手瓜样品进行检测，66项农残指标全部未检出。引导企业、基地加大"二品一标"认证力度，取得有机认证1个，正在组织申报国家地理标志保护产品认证。建立佛手瓜质量安全溯源系统，实现农产品从生产到进入批发、零售市场或生产加工企业前的环节可追溯。对接省内外各家媒体，开展系列宣传推介活动，充分发挥品牌效应，提升惠水佛手瓜在市场定价的话语权，提升品质，树立品牌，增加效益。

统一销售。搭建佛手瓜销售平台，组建县级销售平台——惠水县涟江红源农产品开发有限公司，通过"1+11+N"（1个县级销售平台，11个乡镇每个建设1个农产品交易平台，"N"即是每500亩规模基地设置1个收购点）模式，完善农产品直供直销体系。在广州开设2家直营店，与全国50余家一级批发市场档口、9家二级批发市场档口达成农产品代销合作协议，并出口到越南。是全省30个监狱食堂的蔬菜供应点，依托芳香园公司进入了北京、成都等部队食堂，与贵阳农投公司合作将惠水佛手瓜发往驻

惠水县好花红弄苑村村民喜获丰收笑开颜（贵州省农业农村厅赵雪峰　供图）

港部队。利用农村电子商务平台，线上线下共同发力助推"好货出山"。2020年，佛手瓜地头价在每公斤1.6元左右，比去年增加0.4元。瓜产高峰期日均40辆货车上门拉瓜，日供应350吨以上。

通过"四统一"推动佛手瓜产业高质量发展，建成以好花红镇佛手瓜扶贫产业园为核心的全省最大佛手瓜种植基地，辐射带动全县种植总面积扩大到5.2万亩（龙须菜专业基地0.6万亩），年产佛手瓜15万吨、龙须菜1.5万吨以上，产值超过2.4亿元；辐射带动1.43万户共4.55万人，其中贫困户0.85万户共3万余人，户均增收1.82万元。配套建设佛手瓜加工生产线，佛手瓜面条、酱菜等系列加工制品相继面世。佛手瓜产业园核心区获上海市外延蔬菜基地、粤港澳大湾区"菜篮子"基地双重认证，"惠水佛手瓜产业发展机制体制研究"被列入2020年度贵州省委20个重大改革课题的唯一县级课题，惠水县委常委会专题研究佛手瓜产业在"中国共产党的故事——习近平新时代中国特色社会主义思想在贵州的实践"专题宣介会上面向全球直播。惠水佛手瓜产业实现从规模发展、高效模式创新到全产业链建设提质增效"三步走"，探索形成了一条石漠化山区低效作物调减助力特色产业扶贫新路子。

案例三：普定县韭黄从粗放量小向集约规模转变发展案例

普定县"白旗韭黄"种植历史悠久，有记载的韭黄种植历史约160余年，2014年，"白旗韭黄"荣获国家地理标志产品认证。为做到农业产业扶贫长期稳定，普定县委、县政府在进行充分调研、反复比对论证后，打破思维定势，依托自身资源禀赋、发展基础，因地制宜选择符合国家产业政策，具有技术力量支撑、有推广覆盖能力、有良好经济效益、有市场竞争优势的韭黄作为全县的主导产业。按照"规模化、产业化、标准化、特色化、品牌化"的总体思路，将全县规划为"一核二区四片"（1个核心区、2个重点区和4个发展片区），推进韭黄产业全域式规划、连片式打造、差异式发展。韭黄种植从2017年的5000亩发展到2020年的10万亩，解决2万余人就业，带动13 000余户贫困户实现人均增收3000元以上，初步探索出了一条小韭黄助推大扶贫的产业扶贫路子。

转变观念激发群众内生动力。普定是典型的喀斯特地区，地形地貌破碎，土地贫瘠，农业生产方式以家庭经营为主，导致农业产业小、散、弱现象突出，抵御自然灾害和抗风险能力低。面对波谲云诡的市场，千家万户的小生产难以适应千变万化的大市场，"丰产不丰收，增产不增收"的现象普遍存在。传统的、单一的农业不适应精准扶贫、精准脱贫框架下大扶贫工作格局的需要。在全县各级各部门干部的宣传发动下，广大群众逐步摒弃了原来一家一户为单位的传统生产，以村级公司为龙头，推行"村级公司+合作社+农户"组织方式，有效地把分散的农民吸纳进公司，形成一头牵农户、一头连市场的产业化"链条"，推动农村生产经营方式由单打独斗向抱团发展转变。

统筹涉农资金加大扶持力度。制约韭黄产业发展的最大瓶颈是财政资金投入不足，财政杠杆作用发挥不好，影响韭黄产业快速发展和全面推进。要发展好10万亩韭黄产业，资金是瓶颈，县委、县政府认真研究，决定从统筹整合财政涉农资金入手，通过整合财政资金，在一个相对集中的时期内，增强财政产业发展资金供给能力，撬动更多资金投入，解决产业发展资金需求。普定县成立由县委、县政府主要领导任组长的统筹整合使用财政涉农资金工作领导小组，建立财政涉农资金归类合理、安排科学、使用高效、运作安全的长效机制，提高资金使用精准度和效益。2018年以来，共整合各类涉农资金超过3亿元用于韭黄产业发展，有效提升了扶贫资金资源配置和资金使用效率。

强化"三抓"保障韭黄产业发展。抓双岗书记带动，以基层组织整顿为契机，拓宽选人用人渠道，将致富能人、产业发展大户等选进村班子和村级公司，推行村党支部书记、村级公司总经理既在支部任职又在公司任职，村"两委"与村级公司结成发展共同体。定南街道陇黑村、穿洞街道秀水村等一批组织强、发展强的"双强"党组织涌现出来，向心力不断凸显。抓人员培训，通过请专家到现场进行指导，发放宣传手册等方式进行培训，完成韭黄育苗、移栽技术现场培训10余期，培训乡镇技术骨干300余人次，带动培训全县10 000余人次。通过技术培训，让农民成为农业产业结构调整的主力军、执行者、参与者和推动者。抓技术服务，依托贵州大学、省农科院等高等院校及科研机构技术支持，组织成立技术服务小组，严格按照韭黄生产技术规程组织生产。安排县内15个具有中级职称的技术员到11个种植图斑进行技术指导，确保技术服务全覆盖。

优化利益联结持续助农增收。积极探索"村级公司+基地+农户"发展模式，鼓励农民以承包土地经营权、资金、技术等入股村级公司、合作

普定水母河流域韭黄绿色化生产基地（贵州省农业农村厅赵雪峰　供图）

社发展韭黄，分享产业链增值效益。目前，全县共有省、市级农业产业化重点龙头企业48家、农民专业合作社453家、专业大户111个，通过利益联结、入股分红、订单生产、合同订购等生产经营方式，直接带动10 000余户农户发展。农户流转1亩土地每年收益800元，在合作社务工，每天收入70元，群众在韭黄产业发展中获得租金、薪金和股金，实现多元收入。普润公司作为县级平台公司，不断加强与省内外企业的合作，与全县162个村级公司签订韭黄订单生产，制定韭黄保底收购价格，确保韭黄种得好、卖得好、收益好。

在"三个方面"下功夫拓展市场。在质量规模上下功夫，以"一村一公司"为主体，实行统种统管，形成高产、优质、高效的产业集聚区，不断增强市场竞争力。化处镇水母河流域2万亩韭黄基地，由于示范带动效果好，被国家列入中央财政农业产业强镇示范建设，每年获得国家奖补资金2000万元。在特色文章上下功夫，依托"白旗韭黄"国家原产地地理标志保护产品认证、"白旗"韭黄成功申报成为2019农产品区域公用品牌优势，大力实施"三品一标"品牌体系战略，培育"人无我有、人有我优、人优我特、人特我精"的特色产业。在产销对接上下功夫，赴上海、浙江等地考察，并与浙江、重庆、四川等市场主体达成韭黄销售合作意向，签订韭黄销售协议。充分发挥县普润公司统一销售的平台作用，加强"农校对接""农企对接"，推进韭黄进学校、进企业。建成县级电商运营中心1个、农村电商服务站点110个、物流配送网点5个，培训电子商务从业人员2100人次，构建"网上交易、网下配送"的产销对接模式。据统

普定农户收割韭黄（贵州省农业农村厅赵雪峰　供图）

计，通过大数据平台进行网上交易后，全县有近1万亩的韭黄获得很好的销售价格，每公斤至少增加0.5元，按每亩2000公斤产量计算，增加收入1000万元。

四、牛羊产业案例

案例一：关岭牛产业发展案例

关岭牛是国家级重点保护的78个地方畜禽品种之一，是贵州黄牛之首。近年来，关岭县按照省委、省政府"一县一业"的决策部署，因地制宜选准主攻方向、主打产品、主打市场，结合实际把发展关岭牛作为"来一场振兴农村经济的深刻产业革命"的重要抓手，科学规划布局、整合资源资金、创新发展思路，聚焦"六个转变"，逐步构建了关岭牛一二产业融合发展全产业链，助力关岭牛"牛起来"，有效带动农民增收。

金融保障有底气。出台《精准扶贫金融"特惠贷"指导意见》，建立"特惠贷"贷款平台，整合扶贫、移民、农业、畜牧、林业各类资金6000余万元投入关岭牛产业，为养牛专业合作社贫困户提供贷款担保。县财政安排1000万元在金融机构建立风险补偿基金，撬动贷款1亿元用于关岭牛发展。加大关岭牛全产业链项目包装，获批扶贫产业子基金4.92亿元。组建关岭牛投资发展有限责任公司，贫困户通过"特惠贷""牛起来"等渠道，贷款5万~10万元入股合作社，公司对贷款合作社运营情况进行全程监管、实行报账制管理，保证资金安全和信贷资金用于关岭牛产业发展，有效解决贫困农户贷款难的问题。同时，建立基础母牛保险补贴制度，对参

关岭牛产业园区（贵州省农业农村厅赵雪峰　供图）

加保险的基础母牛给予适当的保费补贴。建档立卡贫困农户按照相关要求购牛，符合畜牧部门动物防疫相关规定，且到关岭牛办公室进行备案的，每头补贴保险费200元，非贫困户每头补助100元，解除广大养牛户的后顾之忧。

饲草改良降成本。大力实施"关岭牛+饲草"工程，推进饲草改良、加工，完成青贮玉米、高产牧草种植18万余亩，草山草坡改良2万余亩，完成退耕还林还草2万余亩。按照"农牧结合、饲草分离"方式，组建草业发展公司3家，成立8个秸秆青贮专业服务队，结合秸秆禁烧综合利用实施青贮黄贮，确保冬春季草料供应。严格按照每头牛不低于2亩的标准，种植牧草、饲料玉米等饲草，保证饲料自给自足，降低饲草外购成本。

利益联结带农户。结合发展壮大村级集体经济，坚持党建引领，采用"村社合一"的方式，鼓励、支持和引导村"两委"、党员入股关岭牛产业，推行"村集体+合作社+农户（贫困农户）"发展模式，引导贫困农户加入合作社，由村集体或能人、养殖大户领办合作社，把家庭牧场、农户集中起来，兴办养殖密集小区，走小规模、大群体的路子，有力推动关岭牛产业井喷式、裂变式发展。坚持宜统则统、宜分则分的原则，不断优化公司、合作社、村集体、农户等主体组合方式，探索出了"127""五户联保"等利益联结机制，把项目财政扶贫资金转变成贫困群众的股金。

龙头引领进市场。把市场主体作为推动产销衔接的关键，积极引进和培育各类市场主体，有效缝合市场供销两端，降低市场风险。目前，培育龙头企业6个，组建养牛专业合作社139个，建成标准化肉牛养殖场30个，培育建设500头以上规模养牛场17个，50头以上规模养殖场98个。采取"牧场+屠宰场+零售市场"的经营模式和"牛投公司+合作社+五户联保"的订单种养模式，直接面向上海味千拉面、左庭右院、贵阳煮意、盒马鲜生公司、贵阳星力超市等进行供货，让关岭牛直接从牛圈"输送"到餐桌。

三产融合促发展。成功申报国家地理标志证明商标和国家农产品地理标志保护产品，省市场监管局将关岭牛列入贵州省地理标志产业化促进项目，让关岭牛品牌更响亮。建立关岭牛地方保护品种繁育体系，投资3000万元建设关岭牛核心保种场1个，主要从事纯种关岭牛标准化养殖、提纯复壮繁育、标准化育肥，推进关岭牛良种化进程，使品种资源进一步得到保护、发展和开发利用。投资5亿元建设关岭牛产业园，重点建设关岭牛养殖基地、牧草基地、文化体验及屠宰加工园区、品尝展销餐饮店、线上线下展销平台等一批项目，打造现代农业关岭牛样本，让关岭牛一二三产业有机融合发展。

案例二：凤冈县高质量发展肉牛产业案例

近年来，凤冈县委、政府深入贯彻落实省委省政府、市委市政府关于肉牛产业发展总体安排部署，立足资源禀赋，紧扣产业革命"八要素"，聚焦"六个转变"，推进肉牛一二三产业融合发展，充分发挥凤冈县肉牛养殖优势，推动肉牛产业高质量发展。

　　因地制宜用好地、种好草，探索推广"种养循环"模式实现经济、生态效益双赢。好山好水出好茶，好草好料养好牛。按照"以畜养地、以地定畜"发展思路，大力开展粮改饲试点工作，出台政策支持企业改良荒山草坡种植牧草，全县种植牧草8万亩，年生产收储青贮饲料10万吨、氨化饲料10万吨。在凤冈养牛，春季牧草有青贮，秋季牧草有鲜饲，经过长期的探索实践，逐步形成了"青贮饲料+青饲料+精饲料"的肉牛饲养模式。坚持以全域有机、全产业链有机"双有机"为引领，将肉牛产业和茶产业发展相结合，全面推广实施"种养结合、茶牛一体、生态循环"发展模式，推进饲草基地有机认证，利用畜禽粪污生产有机肥，年生产有机肥达5万吨，全县畜禽粪污利用率达95%，实现了资源循环利用、可持续发展，"一亩地养一头牛，一头牛肥一亩地"在凤冈成为现实，该模式还被央视新闻栏目《行进中国》专题点赞，取得了良好的经济效益和生态效益。

　　用心用情育好牛、出好肉，努力走出一条贵州黄牛长出优质雪花牛肉的创新发展之路。通过大力实施贵州黄牛"品种繁育"工程，加大科技投入，采取科学化饲养、精细化管理，建立完善贵州黄牛良种繁育体系，贵州黄牛品种得到不断巩固和提纯，大幅提高了养殖贵州黄牛的经济价值。目前，全县建有贵州黄牛保种场1个、扩繁场2个、繁育基地4个，发展3头以上能繁母牛养殖户1348户，贵州黄牛能繁母牛达16 278头，每年出栏贵州黄牛12 000头以上。一般养殖户肉牛出栏时间从30月龄降到22月龄，和记公司通过标准化育肥技术和科学管理方法，将贵州黄牛平均体重从350公斤提升到600公斤，成功实现贵州黄牛长出高品质雪花牛肉，生产的A5

贵州凤冈县和记农业发展有限公司养殖场（贵州省农业农村厅赵雪峰　供图）

级雪花牛肉销售价格达到每公斤1960元，牛肉品质可媲美日本和牛，深受消费者的喜爱和认可。

攻坚克难补牛链、闯牛市，全力推动凤冈肉牛产销两旺。围绕精深加工、品牌打造、产品销售、市场拓展等重点环节开展集中攻坚，积极争取上级支持，获得肉牛一二三产业融合发展地方专项债券2.08亿元，着力补齐链条短板，丰富肉牛业态、做强肉牛品牌，推动形成肉牛全产业链发展格局。建成了黔东北最大的肉牛交易市场，聚集周边20余个县市区肉牛资源。2020年上半年，完成3.6万头肉牛的集中交易，交易额达7.6亿元。建成了黔牛出山肉牛屠宰加工厂，预计2020年屠宰1.5万头，正常生产后年屠宰量可达5万头。"牛大冈""牛小凤""牛大吉""龙滩口野肆"等凤冈牛肉品牌在上海、深圳、广州、昆明等地开设体验店和鲜肉销售店61家，贵州黄牛的品牌价值、市场影响力正在不断显现。

想方设法让群众发牛财、得牛利，贫困群众牵着牛儿脱贫致富奔小康。充分发挥龙头企业示范带动作用，借助合作社人熟、地熟的组织管理优势，调动广大农户积极参与肉牛养殖，构建了"龙头企业+合作社+农户"组织发展模式。制定出台了"牛五条"，在修圈、养牛、种草、保险、防疫等方面给予补助和支持。通过"政策扶持+独立饲养"，让没钱养牛的农户养上了牛；通过"土地入股+基地务工"，让有地无牛的农户赚得了牛钱；通过"信贷扶持+代养分红"，让无力养牛的贫困户分到了牛利。总之，在凤冈，只要群众想养牛，贷款就有门路、养牛就有补助、防疫就有保障、意外就有保险，风险不用怕、销路不用愁。据测算，群众

纯习水县黔北麻羊种羊场（贵州省农业农村厅赵雪峰　供图）

每养一头商品牛可增收3000元，每养一头能繁母牛可增收6000元，每种一亩草可增收4000元，全县共22 300人靠牛产业获得了就业机会，781户贫困户共2835人靠牛产业脱贫致富，过上了牛日子。

案例三：习水县肉羊产业发展案例

2018年以来，习水县认真贯彻落实省委"来一场整形农村经济的深刻的产业革命"决策部署，牢牢把握"八要素"，精心谋划和布局产业发展；聚焦"六个转变"，补短板、转策略，强力推进肉羊产业发展。

一是政策引导创新驱动。县人民政府牵头成立产业发展领导小组，组建工作专班，建立乡镇责任制，统筹资金共2.3亿元支持产业发展。二是品种繁育创新驱动。围绕黔北麻羊保种、选育与提纯复壮主线，划定保种区，建立原种核心场、扩繁场，保护利用地方优质品种资源，扩大肉羊基础产能。全县基础母羊群体规模稳定在12万只以上。三是机制模式创新驱动。坚定不移推广"龙头企业+合作社+农户"组织方式，以完善联农带贫利益联结机制为重点，按照全产业链发展环节的侧重需求，区分农户生产技能与劳动力水平差异性，创新不同类型的发展模式。四是主体培育创新驱动。坚持按照补齐短板和增强薄弱环节建设的原则，鼓励引导生产经营主体环节突破有所侧重，培育带动能力强、示范效应好的不同类型龙头企业。引进建设的"羊管家"颗粒饲料生产企业，将成为肉羊经济新增长点。五是消费业态创新驱动。立足地方羊肉饮食习惯和文化推进消费市场升级，通过开发新产品和打通供应链加强产品对外输出。县内培育出规范化经营的黔北麻羊餐饮门店

习水县黔北麻羊产业加工园区（贵州省农业农村厅赵雪峰　供图）

300余家，以黔道食品公司、君安食品公司引领示范，发展作坊式加工企业19家，2019年县内肉羊消费量达4000吨。六是品牌经营创新驱动。利用黔北麻羊"中国十大名羊"的品种知名度，坚持品牌化策略，突显地理标志保护产品优势，统一公共标识标牌，多元化经营。

中央厨房"五统一"模式

习水县嘉荣牧业有限公司与合作社和农户建立利益关联。在公司监督下，合作社组织农户对公司指定的黔北麻羊品种进行饲养；公司结合当地实际情况，制定饲养管理标准和模式，并建立原种场，对黔北麻羊进行提纯复壮，选育出品种优良的种羊交由合作社分发农户饲养；合作社组织新生羔羊集中育肥，育成后的商品羊交由公司回收；养殖过程由政府组织技术力量进行免疫防控；公司统一回购后，以"鳛滋味"黔北麻羊品牌统一销售。

"借羊增收"模式

习水县富兴牧业有限公司与合作社建立借养养殖关系，由合作社提交借养申请到公司审核认定后，公司按户数投放种羊，由合作社分户组织饲养；公司提供技术跟踪服务，统一饲养管理和疫病防控标准。种羊繁殖增量后，由合作社组织农户将育成羊销售给公司，公司按高于市场价每斤5元收购，每户农户在一个饲养期内可出售肉羊20只，户均年增收1.5万元以上。

"3851"扩群增量模式

黔道食品公司在全县关联合作社63个，由合作社共组织建设家庭牧

习水县黔北麻羊加工车间（贵州省农业农村厅赵雪峰　供图）

场104个，每个家庭牧场建设标准羊舍600平方米并配套相关设施。财政支持资金按每个家庭牧场50万元投入合作社，合作社以此资金入股家庭牧场，所形成的固定资产归合作社所有；合作社以入股资金与215户无劳动力贫困户分红，年分红资金共464万元。104个家庭牧场自筹资金额度达1亿元，年出栏肉羊量达5.2万只，短期内肉羊养殖规模迅速扩大。

构建加工销售体系，拓展产品销售路径。推行"养殖基地+中央厨房+直营店+加盟店""生态养殖+熟食加工+线上直销及线下直营"等模式，县内以麻羊销售专班对接300余家羊肉餐饮门店，采取原产地生鲜直供方式，构建覆盖主城区、乡镇的麻羊生鲜配选体系。设立100万元财政专项资金，支持食品加工企业在北京、上海等重点城市开设肉羊产品直销体验店、连锁店480余家，并与盒马生鲜、叮咚买菜、京东生鲜等22家农产品销售电商平台合作，在重点城市、写字楼、车站投放销售专柜、自动贩卖机，实现年产值8.4亿元。

五、特色林业产业案例

案例一：桐梓县多措并举走出特色林业发展新路

近年来，桐梓县紧紧围绕精准脱贫和"十二大"产业发展重点，以农民增收为核心，因地制宜、科学谋划，大力实施产业结构调整，积极引导优势特色林业产业发展，因地制宜发展方竹和花椒产业，探索出了"增收增绿两相宜"的发展之路。

"三变"利益共享，齐心共建产业基地。方竹是桐梓县宝贵的资源财

原生方竹笋（贵州省农业农村厅赵雪峰　供图）

富，有原生方竹林20万亩，桐梓县立足资源优势，突出区域特色。2017年县委、县政府将方竹确定为"一县一业"，按照"三变"改革要求，全面实行"龙头企业+合作社+农民"的组织方式。使方竹产业由从笋农"单打独斗"到合作社"抱团发展"，并使方竹笋种植基地向专业化、规模化、标准化发展。2019年竹笋产量达3.8万吨。截至2020年春桐梓县方竹基地面积达97.2万亩，年底将突破100万亩。

同时，桐梓县还利用花椒造林先锋树种的特点，因地制宜，挖掘全县土地资源，在海拔低于800米的荒山、撂荒地借鉴方竹"三变"组织模式发展花椒。2020年新栽植花椒14.78万亩，总面积达到17.52万亩，年底将达到20万亩。

科技"授人以渔"，富了农户绿了荒山。"科技是第一生产力"。方竹方面，2018年以来，桐梓县与南京林业大学签订了"县校全面合作协议"，在品种选育、竹林培育、成果推广等方面开展深入合作，依托南京林业大学科技力量，突破产业发展和生态建设瓶颈。同时，桐梓县还组织科技人员进行方竹低效林进行改造，竹林单位亩产笋量稳步提升。2016年到2019年，桐梓县方竹笋产量由1.6万吨增加到3.8万吨，产量增长了137%；直接产值由1.2亿元提高到5亿元。笋农也通过务工、卖笋等使钱袋子越来越鼓。

花椒产业方面，学习和借鉴重庆江津经验和做法。多次组织农技人员赴江津考察学习花椒产业，聘请重庆江津技术顾问组成花椒技术指导团队，对县乡农技、林业人员开展花椒技术培训，并对花椒生产实行全程跟踪技术指导，重点针对选种、栽植、肥水管理、病虫害综合防治等关键环节进行分片指导，开展现场培训。培养了一批"土专家""田秀才"。通过科学种植、管护，桐梓县花椒成活率高达92%，一座座石漠化荒山又长出"绿色秀发"。

一二三产业融合，农业增效农民增收。有了标准化、规模化、绿色化的种植基地，在基地未达盛果期前，桐梓县未雨绸缪，通过扶持本土企业、引进外来企业、壮大龙头企业等多种途径延伸提升方竹笋和花椒深加工产业链，形成了从田间地头到餐桌的全产业链条。目前，本土企业——康利绿色食品有限公司已拥有清水笋、干笋、即食食品三条生产线，年加工能力3000吨；外来企业——贵州菌竹农业科技有限公司清水笋、18L水煮笋、干笋三条生产线已布置到位，年内可生产；龙头企业——娄山产投集团引进了无硫烘干、即食笋、水煮笋速冻、18L水煮笋、鲜笋速冻五条生产线，年加工能力可达10 000吨。同时采取冷链物流运输、真空包装等技术，延长了方竹笋鲜笋的保鲜日期。此外，公司还全力打造花椒产业加工链条，规划建设2万吨的花椒烘干线、1万吨的青花椒冻库、3.5万吨的花椒榨油产业线、1万吨的花椒精油生产线。

"酒香也怕巷子深"，为使方竹笋和花椒能"出山"，桐梓县通过举办"中国农民丰收节"，创建"中国大娄山方竹之乡"品牌，媒体宣传，电商平台销售，书记、县长直播卖货等方式促进产品销售，"笋路"也越走越宽。

桐梓县通过发展方竹笋和花椒全产业链，打通生产、流通、消费各环节，从根上为农户架起了消费扶贫的供需桥梁。探索出了"林业增效、农民增收、生态增优"的桐梓之路。

<h3 style="text-align:center">案例二：黎平县整村推进油茶产业实现"三个转变"</h3>

近年来，黎平县坚持把油茶产业作为主导产业，围绕标准化、规模化、品牌化发展目标，创新整合农户零星土地，以户为单元、村为整体，推行统一规划、连片种植、分户管理的"整村推进"发展模式，推动油茶产业实现"三个转变"。目前，全县油茶种植面积达35.71万亩，4.81万户共16.25万人参与油茶种植，其中，贫困户1.8万户共7.1万人，户均增收0.99万元，2019年油茶综合产值达4.8亿元。该县已被列入全国百个重点油茶发展县、全国木本油料特色区域示范县。

破解三瓶颈，推进油茶产业从自给自足向参与现代市场经济转变。一是开好三个"动员会"，破解人力不足难题。为解决群众动员难、参与少、缺劳力等难题，选派各级干部下沉到村动员。联合农户中的"明白人"开好院坝会，转变群众传统种植思想，变"要我种"为"我要种"；联合村民小组长召开小组会，宣传油茶种植政策、培训油茶种植技能；联合村"两委"召开村民大会，致富带头人分享种植经验，打消群众畏难情绪。截至目前，累计召开院坝会3500余次、小组会1400余次、村民大会130余次。二是用好"四边一荒"闲置土地，破解土地零星难题。针对油茶产业规模化发展用地不足问题，充分盘活寨边、路边、田边、地边及撂荒田地等"四边一荒"闲置土地，规划种植油茶，提高土地利用率，扩大油茶种植范围。目前，共计盘活"四边一荒"闲置土地5000余亩。三是全面实行"一补一扶一贷"，破解资金筹措难题。针对油茶产业发展资金问题，实行"一补一扶一贷"政策，全方位减轻农户筹措发展资金压力。主要通过林业项目资金每亩600元补助农户种植，从财政政策上给予群众充分扶持；在种苗、技术等方面给予相应扶持指导，减轻农户发展油茶的投入压力；引导用好产业金融扶持，通过欧投银行贷款、农商行"油茶贷"信贷，切实帮助群众解决筹资问题。2019年，落实油茶种植补助资金3380万元，2020年落实林业项目资金2000万元。

建好三体系，推进油茶产业从粗放量小向集约规模转变。一是搭建主抓专班体系。建立县、乡、村三级同抓共管的专班体系，县领导班子挂帅油茶产业领导小组，主抓产业统筹协调调度；县林业部门领导专职负责，主抓产业政策研判、产业规划、跟踪管理等工作；乡镇产业人员专管，主抓产业政策落实、产业实施、产业监管等工作；村"两委"干部"挑大梁"，主抓政策宣传落实、带动群众发展、具体问题协调等工作。二是建好服务团队体系。引导群众以资源入股，成立油茶合作社，推进社企联合，做强加工、打造品牌、打开销路；依托县内油茶专家、村"两委"干部、致富能人等人才资源，组建技术支撑队伍，下村入户开展油茶种植技术指导。形成基层组织牵头、专业合作社为主、技术支撑队伍指导的服务团队体系。三是建立基地建设体系。创建统一规划、申报、实施、验收、补助，分户管理的基地建设发展体系，推动产业高产、高质、高效。截至目前，全县已建成100个百亩以上油茶良种种植基地，带动全县整村推进油茶产业基地标准化、规模化、产业化发展。

把准三环节，推进油茶产业从单一种植向一二三产业融合发展转变。一是做精产品加工。搭建"种植户—合作社—加工企业"紧密联结的"分种统销+集中加工"合作模式，理顺户户种植、分散采摘、集中收储、集中加工的"种销加"供应链，各油茶产业合作社直接向4家规模油脂加工厂（其中省级龙头企业2家）供应优质茶籽，统一油茶收购质量标准和价格，增强加工业对原料生产的管控，降低产品生产成本。二是拓宽销售渠道。坚持"以品质铸品牌、以品牌促销售"，坚持绿色有机发展方向，用好国家"地理标志"商标牌子，着力打造"黎平油茶"区域公共品牌。把好源头保护关、市场准入关，维护"黎平油茶"品牌形象。积极参加省内外各类展销会，推介"黎平油茶"；抓住东西部扶贫协作、央企、省直单位定点帮扶等契机，异地开设品牌"专营店"，畅通线下销售渠道；鼓励企业、合作社大胆"触网"，进军电商领域，推动"黔货出山"。目前，县外开设"黎平油茶"品牌专营店达到76个，线上平台开店178个。2019年，茶籽产量达到1.87万吨，综合产值达3.74亿元。三是推动农旅融合发展。以美丽乡村建设为契机，依托一村一品产业格局，大力推进农文旅融合发展。依托油茶树四季常青、花色迷人等特色，围绕油茶产业带，推出茶花观赏、油果采摘、茶油制作等体验活动，把游客引入油茶基地、把产品带出山区。用好油茶基地生态环境，大力发展农家乐，开发油茶特色系列菜品，提供茶油下厨体验等餐饮业态。目前，全县依托油茶基地开发农家乐110余个，共开展油茶观光体验活动230余场，带动茶油销售957万余

油茶产品展示（贵州省农业农村厅赵雪峰　供图）

元。2020年以来，在茶旅融合发展带动下，全县共实现乡村旅游124.72万人次，旅游从业人数达到8650人。

案例三：遵义市"四个强化" 锻造竹产业发展"金钥匙"

近年来，遵义市坚决贯彻落实习近平生态文明思想，坚持生态优先、绿色发展、共建共享战略，深入推进农村产业革命，推动竹产业迈向高质量发展，走出了一条"生态产业化、产业生态化"的绿色发展道路。目前遵义市共有竹资源面积374.97万亩，竹加工企业390家，其中国家级林业龙头企业2家。2020年全市竹产业综合产值达91.01亿元，从业人员32.26万人，其中农民31.17万人，人均增收1965元。

强化政策引领 握好产业发展"方向盘"。近年来，遵义市委、市政府高度重视竹产业发展，明确由一名市委常委主抓竹产业发展，成立竹产业工作小组，把方竹打造成继白酒、辣椒、茶叶之后的"第四张名片"，竹产业重点县比照成立竹产业工作专班。

为加快推进竹产业发展，着力完善政策链。遵义市以构建"竹业大市"和"方竹强市"为目标，把竹产业培育成遵义的一大特色产业。先后出台了《遵义市大娄山方竹产业发展指导规划（2017—2020）》《遵义市竹产业发展指导规划（2018—2025）》《关于加快全市竹产业发展的实施意见》（遵府办发〔2019〕3号）等文件，规划打造以赤水河流域纸浆建材竹发展区、大娄山特色方竹种植区和乌江流域笋材两用竹开发区为支撑的竹产业发展示范区。

方竹笋精深加工产品展示（贵州省农业农村厅赵雪峰　供图）

强化资金补助，打好产业发展的"强心剂"。2020年遵义市投入26 118.9万元发展竹产业。如桐梓县对方竹种植基地进行每亩700~850元的补助，统一由公司与合作社或农户签订方竹种植协议，投入期5年，回收期7年，种植由第三方验收合格后分五年补助给造林主体；正安县按每亩600元的标准对方竹造林进行补助；绥阳县出台了方竹产业种植以奖代补的激励政策，经验收合格后，对造竹主体实行每亩600元的补助，分3年3次进行补助。

强化机制创新，修好产业发展"长征路"。大力开展招商引资，高度重视龙头企业的培育发展，为竹产业发展提供保障。如桐梓县于2019年引进福建古甜食品有限公司，新建了国有遵义桐之味食品有限公司，主要开发方竹笋精深加工产品；绥阳县于2019年通过招商引进贵州与合农业有限公司发展方竹笋加工业，2020年赴上海、浙江、北京、成都等地开展了招商推介活动，就竹产业加工建设与相关企业签约，协议金额5.2亿元；赤水市以"以竹代塑"理念，拟打算宣传引进企业开展竹日用品开发，代替一次性塑料产品。

围绕利益共享、多方共赢，深入推进林业"三变"改革，全力盘活林业资源，大力推广"龙头企业+合作社+农户""专业合作社+村集体+竹农""大户+村集体+竹农"组织模式，建立三方利益联结机制。如赤水市通过建立"林地流转得股金+基地务工得薪金+入股分红得股金"利益分配方式，实现了资源变资金、林区变车间、林农变工人。建立竹产业专业合作社66家、覆盖农民3.8万人，投入林权抵押贷款资金1.48亿元，年支付入股分红和土地流转金3221万元。

加强宣传，做靓品牌。"红色圣地·醉美遵义"特产品鉴暨遵义绿色食品产业招商推介会先后在南京、重庆、广东召开，向各地展示了遵义方竹。第十六届中国竹业学术大会暨首届遵义农民方竹丰收节在桐梓县召开，向科研高校、企业近距离展示了大娄山方竹的魅力，做响了"大娄山方竹"品牌。借着上海对口帮扶遵义的契机，将遵义方竹运往上海及周边市场，填补了东部地区秋笋市场空白，如桐梓县2020年向上海及周边市场供笋2000余吨，实现了从桐梓的"菜园子"到东部地区的"菜篮子"的跨越。

强化科技支撑 用好产业发展的"助推器"。为确保竹产业科学发展，高效持续。赤水市成立了竹研究所、院士工作站，聘请国际竹藤组织、中国林科院、南京林业大学、浙江大学、贵州大学、贵州省林科院等组织院校专家开展技术指导；桐梓县与南京林业大学签订了校县合作协议，为桐梓县方竹产业发展提供科技支撑；正安县与南京林业大学竹类研究所签订了方竹产业发展科技合作协议，在方竹新品种选育、竹产品研发、加工企业技改、人才培养等方面建立了长期战略合作关系。

六、水果产业案例

案例一：六盘水市猕猴桃产业发展案例

在六盘水市委、市政府以及各级各部门的共同努力下，猕猴桃产业已经成为六盘水市农村经济高质量发展的基础，成为全市巩固脱贫攻坚成果的依托，成为长期稳定脱贫的保证。着力发展具有山地特色的猕猴桃产业，就是为了把产业发展与农民就业相结合，把脱贫与致富相结合，努力创造农民新的增收点，不断增强"造血"能力，从根本上解决贫困户持续增收、稳定脱贫问题。

抢抓农时、压实责任。六盘水市按照"早启动、早谋划、早动手"和"备资金、备物资、备科技、备订单"的要求，迅速行动，采取强力措施推进产业猕猴桃产业发展。一是注重政策设计。起草了《推进猕猴桃产业发展的实施方案》《六盘水市建设猕猴桃产业先行区示范区实施方案》等系列方案；制订了《贵州省六盘水市猕猴桃产业发展规划2019—2025年》，划定猕猴桃种植优势区和适宜区域，制作图斑，有序扩大猕猴桃产业种植面积。二是注重工作部署。在市委农村工作会、全市农业工作会、春季农业生产暨产业结构调整工作现场会及全市猕猴桃产业发展推进会上，对全市猕猴桃产业发展进行了统一的安排部署，提出了明确要求。六盘水市及各县区加强组织领导，组建猕猴桃产业发展工作专班，确保猕猴桃产业发展见实效。

强化培训、精准服务。按照"整市推进新型职业农民培育试点市"的要求，加强新型职业农民培育。一是因人施培。针对培训对象的年龄、文化程度、身体状况和自身意愿量体裁衣，做到精准培训。二是因产施培。着眼猕猴桃产业需求，加强用工需求研判，制定季节性施肥、

六盘水猕猴桃基地（贵州省农业农村厅赵雪峰　供图）

授粉、疏花疏果、套袋等用工"菜单"。三是因季定培。按照猕猴桃不同生育期管护需求，每月邀请中科院武汉植物园猕猴桃专家开展猕猴桃技术培训。

创新模式、保障投入。多渠道争取资金投入，积极争取上级资金支持。针对中央、省年度资金投向，组织开展项目申报工作，争取上级财政资金支持。组织六盘水众鑫农业产业发展有限公司与建设银行六盘水分行合作开展项目融资贷款，获批授信额度10800万元，并于2019年12月9号放款800万元。在市人民政府主办的六盘水市春季政金企融资专场对接活动暨集中签约仪式上，向参会的各家金融机构推荐了猕猴桃项目8个，总投资197400万元，拟向银行融资86319万元。向农行六盘水分行、邮储银行六盘水分行、贵州银行六盘水金泰支行推荐猕猴桃企业25家，为银行对接企业牵线搭桥。

产销对接、培育市场。坚决落实"为吃而生产"到"为卖而生产"转变的要求，大力培育市场主体，积极对接市场。一是成立团队抓产品销售。根据六盘水猕猴桃产业发展需求，成立贵州弥你红销售有限公司，组建猕猴桃销售团队，分年度、分区域开发市场。二是立足产品培育市场。通过农产品展示展销、区域品牌打造等方式，提升凉都"弥你红"的知名度，实现了"区域品牌+企业品牌"的双轮驱动，目前凉都弥你红猕猴桃成功销往加拿大、东南亚、台湾等国家或地区。三是积极开展产销对接。通过采取"订单收购"、农校对接、农超对接等方式，推

猕猴桃加工生产线（贵州省农业农村厅赵雪峰　供图）

猕猴桃加工园（贵州省农业农村厅赵雪峰　供图）

进猕猴桃销售与市场的无缝对接。2020年进入销售季以来，六盘水市猕猴桃需求旺盛，以农投公司、宏兴公司为主共签订销售合同60余份，计划销售猕猴桃6000余吨。总体来说，实施战法以来，公司销售价格这一块有了显著提升，从每公斤20元提升到每公斤30元，销售渠道拓宽，销售到俄罗斯、中东地区、东南亚等地。

案例二：从江百香果产业发展案例

近年来，从江县紧紧围绕"农业增效、农民增收和农村稳定"这一工作目标，立足从江实际，以特色优势资源为基础，以市场需求为导向，以优化产业结构和提高经济效益为核心，以科技创新为重点。坚持区域产业发展方向。着力推进农业产业结构调整，改变传统的发展模式，探索聚焦"六个转变"。2019年6月4日至6日，省委书记到从江县开展了为期3天的调研，对从江县脱贫攻坚、产业发展等工作把准方向、把脉问诊，提出了将百香果产业作为我县发展的四大产业之一。7月26日，贵州省委统战部部长率队深入从江县的贯洞镇龙图大坝、贯洞千亩农业综合产业园百香果种植基地、下江镇平江村百香果种植基地等进行实地调研，为全县发展百香果产业指明路径和方向，并给予了精准指导。2020年从江通过各级各部门群策群力、多措并举，百香果产业得到了规模化发展，并取得了一定成效。目前，全县百香果种植面积达12 530亩，2020年全县百香果产业发展跃上新台阶，实现跨越式规模化的发展。

迅速组建专班抓落实。县委、县政府成立了以县领导为班长，抽调县

从江万亩百香果产业核心区——贯洞镇归龙基地（贵州省农业农村厅赵雪峰　供图）

农业农村局、县林业局、县水务局、县自然资源局等技术骨干为成员的百香果产业专班，并为专班配备了工作专用车及工作经费，从人、财、物等方面给予保障，确保百香果产业发展做到专人专抓。

盯紧咬紧目标压责任。全县2020年的百香果种植任务为10 000亩。在县委、县政府的领导下，按照目标任务提前谋划，并及时将任务分解到适宜种植区域的贯洞、丙妹、下江、高增等11个乡镇，督促乡镇倒排工期，明确时间表，加快土地流转、土壤改良和大田种植，定期对工作进展情况进行督查调度，层层压实责任，层层传导压力。

提前做好布局抓规划。结合县情提前做好产业布局和规划。主要按照"一心两带"进行产业布局，"一心"是以"贯洞—洛香"为产业核心区，相对集中连片种植面积达5000亩，建设果品加工厂1个，育苗基地1个；"两带"是以"丙妹—下江—停洞"为主的都柳江沿线产业带，相对集中连片种植面积达4000亩，建设育苗基地1个；另外，以"西山—斗里"公路沿线为主的产业带，相对集中连片种植面积达1000亩。同时，规划在贯洞镇宰门村归龙坡建百香果高标准种植示范基地2000亩。

精心培育主体抓引领。加大实施主体的培育，通过省水果专班引荐，县委、县政府直接推动，从江县先后引进和培育有贵州从江真尊实业有限公司、从江县乔森文旅发展有限公司、贵州省中科生态农业开发有限公司、贵州从江山香椿鸡生态养殖有限公司、从江县远大种养殖业有限公司贵州省金包树银包果种养农业有限公司、贵州省芮坤农业投资有限公司、从江县鸿翔农牧开发有限公司、贵州茂哲农业开发有限公司、从江县七香

从江八洛百香果基地丰收图（贵州省农业农村厅赵雪峰　供图）

农业投资开发有限公司共10家企业、7家合作社参与百香果产业发展，为带动全县产业发展奠定了良好的基础。

强化规模发展促示范。2020年全县种植百香果面积12 530亩，其中建有相对连片千亩基地4个（贯洞镇2个、谷坪乡1个、丙妹镇1个），500—1000亩基地4个（下江镇、停洞镇、西山镇、高增乡各1个），100—500亩基地8个（刚边乡2个、西山镇2个、高增乡1个、洛香镇1个、贯洞镇1个、丙妹镇1个）。创办高标准示范基地2000亩。

落实扶持政策固成效。为促进产业健康稳步发展，促进产业增效、农民增收，从江县出台了产业相关扶持政策。如：凡在从江县种植百香果的企业、合作社和农户，按照每亩1000元的标准进行奖补；对种植相对集中连片50亩以上的，按照每亩500元的标准给予供水设施建设补助；对种植相对集中连片达500亩以上的，按照每亩1000元的标准给予供水、道路等基础设施建设补助。对规模种植500亩以上的企业和合作社，按照每亩给予利率为4.9%的5000元贷款三年贴息。对种植百香果的企业、合作社、农户（贫困户）均按照县级承担的保险费比例给予自然灾害险和价格险补贴，以确保实施主体风险降到最低。

强化产销链接稳市场。成立百香果销售专班，认真按照全产业链要求，精心做好百香果苗木栽培、加工、销售及品牌营销工作，充分利用中国贸促会、杭州萧山、澳门特区对口帮扶的历史契机，积极组建百香果等农产品直销基地，促进产供销一体化发展。

抓利益联结促增收。百香果产业发展主要是采取"公司+合作社+基地

+贫困户"的经营模式带动贫困户增加收入。如：东西部协助项目资金入股真尊公司按6%固定分红+效益分红给西山镇、宰便镇、东朗乡的贫困户计发；政府财扶资和整合资金量化入股七香公司，公司按照8%的固定分红+效益计发给贫困户。另外产业发展可为我县解决就业人数146人，月人均工资3600元，年需用工量25万个，年务工收入2750万元。产业带动贫困户共5171户、贫困人口18 512人。参与百香果产业发展农户户均增收3000元以上。

<h3 style="text-align:center">案例三：麻江县蓝莓产业发展案例</h3>

为贯彻落实好省委关于"要牢记嘱托，感恩奋进，以'三农'工作的优异成绩回报习近平总书记的关怀和厚爱"的要求，麻江县积极响应省委提出的"来一场振兴农村经济的深刻的产业革命"号召，牢牢把握农村产业发展"八要素"，选取蓝莓产业为突破口，着力推动蓝莓全产业链的发展，逐步走出了一条蓝莓产业发展助推脱贫攻坚的新路子。

选好优势产业，久久为功抓发展。麻江县处于北纬26度黄金水果产业带，气候温润，空气清新，灌溉水源质量达到国家二级以上标准，并且土壤富含锌硒元素。为此，全县立足于生态和资源优势，选择蓝莓作为"一县一业"主导产业，并持续稳步地进行推广和发展。自1999年率先在全省引种栽培蓝莓至今，经过引种栽培、推广种植、提质增效三个发展阶段，在政府扶持引导、企业带动、农民参与下，初步实现了蓝莓产业的规模化、产业化、品牌化发展。目前，全县蓝莓种植面积6.5万亩，蓝莓产业涉及全县7个乡镇（街道）46个村。2020年，蓝莓鲜果产量达5600吨，实现产值2亿元。以蓝莓产业为载体，麻江县荣获"全国农业标准化优秀示范区""国家级出口食品农产品质量安全示范区""国家有机产品认证示范区""国家农村产业融合发展示范园""国家现代农业产业示范园"等称号，"麻江蓝莓"被国家质检总局认定为"国家地理标志保护产品"，蓝莓已成为麻江县一张耀眼的绿色产业名片。

集中资源要素，产业革命见成效。一是调整优化产业发展战略。制订《麻江县农村产业革命蓝莓产业发展推进方案（2019－2021年）》，积极申报贵州省脱贫攻坚产业子基金6亿元（已到位1.5亿元），并结合西部高海拔地区蓝莓引种栽培试验结果，在谷硐、坝芒等1000米高海拔冷凉地区推广蓝莓种植，逐步实现东果西移。

二是统筹推进全产业链发展。不断加强对蓝莓全产业链各环节的打造，初步形成集蓝莓育苗、基地种植、冷链储运、生产加工、电子商务、市场销售和一二三产业融合发展为一体的全产业链，开发的产品除鲜果外，有蓝莓果汁、果脯、果干、红酒、白兰地、口服液等。将全省100个农业示范园区打造与100个重点景区建设相结合，建成总面积为33.3平方公里的麻江乌卡坪蓝莓生态循环示范园和蓝梦谷景区，集生态旅游、采摘体验、优质蓝莓生产和特色食品加工为一体，形成农旅融合、工旅互动的新模式。

三是积极探索有效组织形式。第一，搭建产业发展平台，实现同步发展。积极整合县级国有资产，搭建产业集团化发展平台，培育和扶

麻江蓝梦谷航拍图（贵州省农业农村厅赵雪峰 供图）

持蓝莓产业龙头企业，推动企业发展与产业发展同频共振、同步推进。第二，发挥"火车头"作用，推动产业振兴。做好"企业+合作社+农户"，龙头企业引导产业选择，强化产业培训和技术指导；合作社组织收储土地、田间劳务管理；农户培训成为产业型工人，激活资源要素，引领产业发展。第三，打造产业联盟，共谋蓝莓产业发展。紧密团结县内168个蓝莓生产企业、合作社、种植基地、种植大户及蓝莓产业相关经营者。第四，推动强强联合、同行整合，加强市场开拓。发挥龙头企业市场主导作用，做好商超市场对接，确保蓝莓销售市场稳定。同时，积极与贵州省蓝美公司等同行企业强强联合，推动蓝莓深加工产品研发，提升蓝莓产品附加值。

四是建立稳定产品销售渠道和网络。积极引导和支持蓝莓企业及合作组织开展生态种植和有机产品认证。目前，麻江县1.07万亩蓝莓生产基地通过国家有机产品或有机转换产品认证，6家蓝莓种植企业获国家出口水果果园注册登记，麻江蓝莓转向绿色有机高端发展。依托"麻江蓝莓"地理标志保护产品和证明商标等品牌，打造了"苗岭农夫"农特产品区域公共品牌和"蓝后""白竹林""瑞蓝"等蓝莓品牌，拓展了广州胜佳超市、和力超市、永辉超市、北京佳仕电商等销售渠道，目前，全县蓝莓订单销售4000吨。

推进科技进步，提升麻江蓝莓中心地位。据中国蓝莓协会统计显示，目前，全国蓝莓种植面积约83万亩，主要分布在西南地区、胶东

麻江黄泥村千亩蓝莓基地（贵州省农业农村厅赵雪峰　供图）

麻江靛冲深度贫困村千亩蓝莓园（贵州省农业农村厅赵雪峰　供图）

半岛、长江流域以及东三省，麻江是全国县级单位种植面积最大的县，且"麻江蓝莓"已在市场上打响品牌。依托这一基础，我们将通过资产运营、资本运作、资金运筹，促进大数据与蓝莓产业深度融合，建设蓝莓交易中心、蓝莓检测中心、蓝莓定价中心、蓝莓金融服务中心、蓝莓仓储物流中心和蓝莓大数据中心，将蓝莓产业传统的"现货、现金、现场"贸易方式升级为"线上交易、线下交割、实时结算"的现代交易方式，实现产业集聚，产品集散，税源归集，促进蓝莓全产业的持续健康发展。

强化利益联结，助农增收促脱贫。一是置业增收促脱贫。对11 230户3.84万亩（其中贫困户3290户1.05万亩），按"土租+保底分红"模式实现稳定增收，其中农户土地占股40%，2年建设期每亩获得600元土租，13年经营收益期每亩每年获得至少5000元分红。二是就业增收促脱贫。一是开发产业工人岗位。通过技能培训，培养1545名产业工人（其中贫困人口415人）开展基地日常管护等工作，务工年收入2万元以上。二是提供种植采摘劳务岗位。目前，解决6780人（其中贫困人口2130人）到蓝莓基地务工就业，年务工收入1万元以上。三是创业增收促脱贫。一是辐射带动2535户农户自主发展蓝莓种植1.12万亩（其中贫困户875户2655亩，盛果期预计户均纯收入可达3万元以上）。二是围绕蓝莓园区、景区，发展民宿、农家乐、土特产销售、物流运输等，实现经营增收。

七、生猪产业案例

案例一：遵义市强力推动生猪生产加快恢复

作为全省生猪产业发展"火车头"，遵义市按照"生猪全产业链增产、增效"和"庭院种养工程助产、致富"思路，抓要素、强龙头、带农户、重防疫、盯循环，走出恢复生猪生产新路子，生猪生产形势持续向上向好。

抓要素，走产业蹄疾步稳之路。制订出台《关于促进生猪生产保障市场供应七条措施》《关于进一步促进生猪产业化快速发展的指导意见》《关于大力推进庭院种养工程的通知》等政策措施，逐级分解生猪生产任务，纳入对各地党委、政府年终考核内容，阶段性对各地党委、政府恢复生产情况进行督查，先后印发通报和工作提示近10期。全市共整合安排近3.5亿元资金用于生猪稳产保供，申请获批生猪良种补贴466万元、金融支农创新试点（仔猪保险）资金210万元，140个新建和闲置生猪规模养殖场（户）申报生猪生产临时性补贴420.81万元，8个规模养殖场和种猪场申请贷款贴息85.7362万元。

强龙头，走全产业链发展之路。陆续引进广东温氏集团、广东天农集团、江西双胞胎集团、江西正邦集团等国内优质大型生猪养殖企业助力恢复生猪生产。2020年4月，全市实现生猪产业发展"县县有龙头"，引进龙头企业总投资100余亿元、签约产能550万头以上。按照"全产业链"思路，持续延链、补链、强链，推动畜牧产业规模化、专业化、工厂化、品牌化发展。在建和投产种猪场32个，在建和投产饲料生产企业8家、产能达247万吨/年，在建和投产家庭牧场1064个（其中，建成投产家庭牧场916个）、存栏生猪40.76万头，有定点生猪屠宰场（点）48个、设计年屠宰量252.11万头，在建年屠宰能力达100万头的屠宰深加工厂1个，猪肉食品加工龙头企业3个，有全省第一的兽药生产企业1家。黔北黑猪获得农产品地理标志产品认证，注册"台万""黔北壹号"等猪肉商标。打造出"角口村""文二哥"等名牌。

带农户，走助力群众复产致富之路。坚持"以大带小"，通过"公司+家庭牧场（村集体、合作社、农户）"、托管租赁等方式着力抓好散户复养，15个县（区、市）中60%以上的地方对贫困户养猪进行每头400~1000元的补助。创新提出实施"庭院种养工程"，盘活农村地区闲置庭院资源，通过以种代养，带动有劳动力、有意愿、有基础的建档立卡贫困户、边缘户、务工返乡人员户每户养殖生猪2—5头，实现户均增收4500元以上。共补栏年出栏50头以下空栏养殖场（户）22.89万个、101.73万头，仅庭院种养工程就发展生猪养殖农户45 384户（其中，建档立卡贫困户36 231户），养殖生猪110 612头（其中，建档立卡贫困户养殖76 042头）。

重防疫，走产业健康发展之路。采取"防、堵、净"措施，持之以恒地抓以非洲猪瘟为主的重大动物疫病防控。市人民政府和非洲猪瘟防控应急指挥部先后下发52个通知文件，召开专题会议31次，报送非洲猪瘟防控信息专报57期，通过培训班培训3584人次，根据疫情设立检查站点最高达到387个，开展综合督查10次，专项核查2次，印发督查通报9个。全市共排查养殖场（户）4001.8万个次，交易市场27 295个次，屠宰场（点）47 260个次。检查各类运输车辆87.1万辆次、生猪123.9万头次，生猪产品466.1万公斤、无害化处理生猪产品8786公斤。

盯循环，走产业绿色发展之路。成立了由市人民政府分管领导任组长的畜禽养殖废弃物资源化利用工作领导小组，不断优化"三区"规划方案，实行市、县、乡分级巡查（即"三级巡查"）管理，强化技术培训和检查指导。除用好上级安排资金外，不断加大资金投入，如播州区从2018年生猪调出大县奖励资金中安排340万元用于畜禽粪污资源化利用，仁怀市安排300万元用于畜禽标准化规模化养殖场建设补助，余庆县出台政策"从2019年8月1日至2020年12月31日前进猪，并按要求饲养的温氏合作家庭农场，如无出现环保问题，余庆温氏畜牧有限公司按规定奖补"。全市规模养殖场粪污综合利用率达84.38%，粪污治理设施装备配套率达100%。

案例二：桐梓县加快全产业链建设打造生猪产业强县

面对当前猪肉紧缺、价格上涨的发展窗口期，桐梓县立足当下、着眼长远，引进龙头企业打造百万生猪全产业链项目，同步扶持中小养殖户发展，提升市场竞争力，实现了全县生猪产量逆势增长。2020年，全县累计出栏生猪45.21万头，同比增长37.5%，年末生猪存栏28.86万头，同比增长30%，其中，能繁母猪存栏2.98万头，同比增长43%。

把握形势，招大引强，下好稳产保供先手棋。引进广东天农集团实施集生猪繁育、育肥、屠宰、加工、销售为一体的全产业链项目，项目突出"三高三全"的发展理念（即高技术、高标准、高起点、全产业、全循环、全生态），预计投资25亿元，重点建成1个存栏2600头原种猪场，6个存栏8500头能繁母猪的父母代种猪场、1个年屠宰400万头生猪的深加工项目、1个年产108万吨的饲料加工厂、200个年出栏4800头生猪的规模化育肥场以及配套的生猪交易平台、车辆洗消中心、兽医中心实验室。项目全部达产后，全县将实现年出栏生猪120万头以上，综合产值达140亿元。目前，桐梓县容光父母代种猪场已经投产，种猪存栏9376头，其中种公猪163头，茅石中关村原种猪场已经开始主体建设，茅石高垭种猪场已经启动建设，其余种猪场正在进行选址和相关用地手续完善。已启动建设年出栏4800头的生猪育肥场90栋，投产11栋，预计2021年6月前全部投产。屠宰场、饲料厂等其他配套全产业链项目正完善相关用地手续，预计2021年启动建设。

创新举措，抱团发展，构建紧密利益共同体。采取"龙头企业+公司+村级集体+合作社+农户"的模式发展生猪养殖。以广东天农集团为龙头，组织娄山产投集团等国有企业参与，带动本地其他社会资本、合作社、村集体经济组织、养殖大户、贫困户等生产经营主体抱团发展，共同建设标准化育肥场，构建紧密利益共同体。同时积极扶持中小养殖场户加快发展，帮助开展技术服务，引导发展生产。如大河镇赵建新户，抓住市场行情好的契机，率先与天农集团合作建设年出栏4800头标准化育肥场，仅

2020年就出栏肉猪及后备母猪5600头，获利近200万元。再如官仓镇钟永刚户，与天农集团合作建设年出栏4800头的标准化育肥场，2020年出栏肉猪及后备母猪2100头，现仍存栏肉猪1900头，获利近130万元。

产销一体，种养循环，打造生猪全产业链条。通过龙头企业，对建设的年出栏4800头标准化育肥场采取统一建舍、统一技术、统一供苗、统一供料、统一防疫、统一培训、统一回收、统一销售"八统一"服务，解决养殖业主后顾之忧，打造集"良种繁育、饲料生产、育肥饲养、屠宰加工、产品销售"为一体的生猪全产业链，形成生猪"产销一体化"产业格局。大力推广"种养循环、全粪还田还土"，推进全县生猪养殖废弃物资源化利用，实施种植基地水肥一体化管网建设工程和有机肥加工，利用种养结合模式消纳粪污，实现生态养殖立体种养循环，无污染、绿色发展。依托优质品牌拓展市场、壮大产业，全面提升市场知晓率，推动"黔货出山"，目前已经与重庆、上海等地达成意向性协议，着力打造沪渝生猪保供基地。

强化排查，规范监管，持续打好疫病防控战。持之以恒强化重大动物疫病防控，对全县所有的养殖场（大户）实行专人包保，确保对重大动物疫情监测排查"横到边、纵到底"。在全县省际、县际间重要通道设立重大动物疫病检查站（点）47个，对运载动物及动物产品车辆和封闭运输车辆进行监督检查，对违法违规运载生猪的行为进行严厉查处，着力规范产地检疫，强化运输、餐厨、市场等各个环节监管，出台《严格生猪调运监管十项措施的通告》，切实防范外疫传入。

案例三：松桃县做好生猪产业发展大文章

近年来，松桃县以脱贫攻坚统揽经济社会发展全局，深入推进一场振兴农村经济的深刻的产业革命，将生猪作为县级主导产业之一，按照"全产业链发展、全要素链融合、全责任链压实"的思路，紧扣产业发展"八要素""五个三""六个转变"要求，以生猪养殖引领山地生态循环农业发展，促进畜牧产品向价值链中高端攀升，实现产业发展与脱贫攻坚双赢。2020年，全县能繁母猪存栏4.5万头，生猪存栏45万头，出栏生猪54.21万头，产值14.13亿元，带动农户6.92万人增收，其中贫困农户人均增收约2400元。

县委、县政府高度重视，始终把生猪产业放在重要位置。成立了由党政主要负责同志任双组长、分管同志任副组长的工作领导小组，研究和制定出台了一系列推动生猪产业持续健康发展的政策措施。精心编制了生猪产业"十三五"和认真谋划"十四五"规划，以生猪产业100亿产值体系建设为目标，到2022年实现规模化、标准化养殖年出栏生猪130万头，通过"一转二带三"全产业链发展，年产值达到110亿元以上，实现由全国生猪调出大县向全国生猪产业强县和示范县蜕变。积极整合涉农项目资金，近年来共投入资金67 180万元发展生猪产业。大力推进合作社实体化运行和生猪代养场"村社合一"工作，由县级信用联社对合作社进行授信和贷款。2020年，实现20个村级专业合作社融资5210万元，有效解决产业发展后期资金瓶颈。

一二三产业融合发展，全力打造生猪产业新体系。做大产品精深加工。完善良种繁育和代养体系，大力推动150万头生猪屠宰深加工项目和高端食品产业园建设。坚持市场导向，采取农校、农超、农企等对接模式，建立直营店、专销区、交易市场，在满足县域内供给的基础上，直销对口帮扶城市、沿海地区和海外市场。同步推进冷链物流、配送体系等配套建设，建成冷链物流基地5个。建好防疫体系。组建动物防疫专业合作社联合社，成立动物防疫专业服务公司11家、专业合作社17家。畜禽免疫抗体合格率达93%、综合免疫密度达98%、免疫挂标率达100%，该县动物防疫模式改革被中国农业年鉴收录，至今未发生非洲猪瘟疫情。

推动绿色循环发展，走好绿色生态农业新路子。按照"成片种、规模养、以养带种、以种促养、种养循环"发展思路，流转养殖场周边土地22.4万亩，全力打造"猪+草+牛""猪+果蔬""猪+油茶和茶叶""猪+中药材"等"生猪+N"的高效生态循环农业发展模式。按照"源头减量化、过程无害化、末端资源化"治污思路，采取第三方参与治污模式，推行水肥一体化、异位发酵床、干湿分离+六级沉淀等工艺治污，将养殖粪便进行干湿分离并加工转化，实现粪污资源化利用。2020年底，全县畜禽养殖粪污综合利用率达85%以上，规模养殖场粪污治理设施装备配套率达100%。以技术服务为补充，促进产业良性发展。依托龙头企业核心技术及专家团队，与贵州大学、省农科院、铜仁学院等高校院所建立长久合作关系，将在县职校开办畜牧养殖专业，实现政校企深度融合。

培育壮大市场主体，集约规模生产构建产业发展共同体。引进德康牧业、铁骑力士、梵净高科等龙头企业，充分利用资本、技术、人才等生产要素及市场开发优势，大力培育混合所有制新型市场主体和总部经济，带动国有公司和合作社集约化、绿色化、规模化和标准化发展。目前，引进农业龙头企业38家，培育壮大畜牧业市场主体500余家。组建星旺、惠民等国有实体企业，采取"国有公司+"方式，按照"六统一"标准，大力实施基础设施和基地建设，减轻了企业前期投资压力，降低了企业运行成本。目前，仅德康牧业和铁骑力士租用养殖基地就达235个，为企业减少成本4亿余元。激活专业合作社促增收。狠抓生猪代养场"村社合一"改革，提高村干部干事创业激情，切实解决谁来管、谁来带、谁来养的问题。目前，从事畜禽养殖专业合作社达540家、吸纳468名村干部和贫困户1.2万户共4.9万人入社。

八、中药材产业案例

案例一：打好"组合拳"，助推中药材产业高质量发展

近年来，毕节市以"一年有突破，两年上台阶"为目标，"多措并举"推动中药材产业高质量发展。

压实工作责任，多方发力促进产业持续稳步发展。在深入推进农村产业革命的进程中，毕节市对中药材产业发展高度重视，切实加强组织领导，把发展中药材产业作为全市产业结构调整的突出位置来抓，量化生产的任务指标，成立了以一名副市长为组长的产业发展领导小组，成立了全省首家"中药材技术服务站"，按照"政府领导领衔抓、部门专班统筹抓、专业站所具体抓"的方式，抓好决策部署、统筹协调、形成多部门

大方天麻基地（贵州省农业农村厅赵雪峰　供图）

威宁党参基地（贵州省农业农村厅赵雪峰　供图）

合力，积极推动中药材产业的健康发展。截至2020年12月，全市建成连片100亩以上基地241个、建成种子种苗基地33个，总面积达126.85万亩，产量达13万吨，产值达22亿元。

完善联结机制，迎难而上助力"六稳""六保"成效显著。2020年，全市农业农村系统同各实施主体一起努力克服新冠肺炎疫情冲击，牢固树立产业发展意识、机遇意识、拼抢意识，在危机中孕育新机，不断挖掘生产潜力，建立"公司+合作社+基地+农户""合作社+村集体经济+农户"的等产业发展模式，一是通过土地量化、扶贫资金量化、农户务工等方式入股，采取"保底工资+绩效工资"、定期分红等方式把企业、合作社、村集体、农户连成一个利益共同体，形成村企联合、产业连片、基地连户、责任连体新格局。二是积极引导有条件的农户利用土地资源，由企业（合作社）提供种子（苗）、技术指导和产品保底回收，让农户获得种植收益。比如，贵州乌蒙腾菌业有限公司与农户签订种植协议，由公司提供菌种、菌材、技术指导并负责回收，带动大方县慕俄格、果瓦、凤山、六龙等4个乡（镇、街道）553户群众，建立林下天麻和冬苏种植基地4000余亩，农户每年可增加收入5000元。截至目前，全市中药材产业共开发稳定岗位2255个，解决2510人稳定就业。

聚焦优势资源，内外发力促产业富民增效长足发展。近年来，毕节市立足资源禀赋，聚焦产业革命"八要素"，践行"五步工作法"，紧紧围绕中药材产业"一年有突破、两年上台阶"的目标，依托"大方天麻""赫章半夏"等地理标识优势。坚持"以重点单品为突破，带动全面发展"的产业发

威宁党参基地（贵州省农业农村厅赵雪峰　供图）

展思路，市县联动狠抓招商落地项目29个，到位资金13.39亿元，高位推进基地集群发展，打造出全国最大的半夏生产基地、全省天麻重点生产基地。截至目前，全市累计天麻种植面积达11.97万亩，产量达1.81万吨，产值达6.53亿元；半夏种植面积达3.05万亩，其中，标准化示范基地15个1.1775万亩，优质半夏种源基地1.1万亩，带动贫困户3126户共1.2504万人脱贫增收。

强化技术支撑，上下联动服务产业夯实产业发展基础。近年来，毕节市坚持"因地制宜、按需选派，上下联动、点面结合"的原则，以服务重点产业、重点乡镇为突破口，今年共选派市级农技人员20名到1000亩以上示范基地，开展技术指导、技术咨询和技术培训等工作；组建1个专家服务团，按照"点单+问诊"的服务方式，设置服务热线，公开联系方式，采取线上咨询、现场指导、集中会诊等形式，相继开展了1000余次指导服务、10余期中药材生产技术培训，共培训了经营主体、县乡农技干部、药农等1000余人次，切实解决中药材产业发展中遇到的疑难问题，为全市中药材产业发展奠定了坚实的基础。

案例二：白及花开脱贫路

安龙县万亩白及扶贫产业，经过几年的发展，产业规模逐年扩大，产业带动能力不断增强，产业体系日趋完善。万亩白及产业园已经初具雏形，已经成为安龙县的中药材和农业产业发展的一张亮丽名片，成全县、全州、全省产业扶贫的典型案例。"安龙白及"的产业成长并不是一帆风顺，经历了由粗放量小到集约规模转变的新路历程。白及产业发展成效：

作为脱贫攻坚主战场，安龙县县委、县政府经过充分调研论证，决定充分利用安龙县得天独厚的自然资料禀赋，将中药材作为全县"一主三辅"脱贫攻坚产业扶贫体系的重要辅助产业，选择以名贵药材白及作为突破口，带动中药材产业发展，先后引进和培育了安龙县欣蔓生物科技有限责任公司、安龙县喜雨春现代农业、贵州省捷沃农业发展有限责任公司等农业企业，带动以白及为重点的全县中药材产业发展。经过几年的努力，全县白及产业真正实现了从小到大、从粗放式到集约式、从零散到规模化的突破式发展。

一是产业初具规模。截至2020年12月，全县白及种植面积达1.07万亩，涉及钱相、普坪镇、招堤、龙山镇等（街道）办。2020年累计实现产量2100吨，实现产值2920万元。成为安龙县首个两千万元级的药材单品。二是规模化发展逐渐成型。全县建成了3个以"安龙白及"产业园。钱相"安龙白及"产业园区。集中种植面积达5500亩。普坪镇香车河中药材生态产业园。集中连片种植白及2600亩。普坪镇庭毕坝区中药材一二三产业融合发展示范园，集中连片种植白及500亩。三是产业体系日趋完善。配套建成了全国规模最大的白及育苗基地大棚20万平方米、白及组培车间1200平方米，年可提供优质白及种苗6000万株。建成年处理能力5000吨白及初加工生产线一条、建成白及产业科技创新大楼。2016年以来，安龙白及共获得马鞍形白及组培种茎生产技术、白及高产栽培技术等国家专利4项，技术规范3项。四是品牌建设成果丰硕。2017年12月，"安龙白及"获国家农产品地理标志保护品种认证，2018年1月，获产品有机认证转换证书。2018年颁布"安龙白及"国家地标农产品质量控制技术规范。2019年获有机认证。以"安龙白及"为标志，注册了"欣蔓白及""梓玥白及""天禾白及""欣新白及""安芨禾地"等一系列白及产品商标，牙膏、面膜等深度开发产品已经成功上市。2019年，安龙白及成为首批"定制药园"生产基地。五是产业扶贫带动成效显著。2020年，全县白及产业通过耕地流转、就业务工、入股分红等形式累计实现扶贫带动建档立卡贫困户524户共1861人，累计为这些建档立卡贫困户创收120余万元，户均年增收2200元。六是为易地扶贫搬迁新市民提供了就近务工的新平台。3个白及产业园累计为五福小镇、九龙小区等易地扶贫搬迁安置点的新市民提供了300余个就业岗位。

案例三：交易市场做"药引" 托起太子参大产业

牛大场镇，位于贵州省黔东南州施秉县西北部，90年代初引进太子参种植，因太子参产品质量上乘，形成产地交易市场带动施秉及周边地区太子参产业的发展，在此交易的太子参占全国总产量的二分之一，成为名副其实的"中国太子参之乡"。牛大场镇依托独特的自然资源优势，通过发展太子参产业，走产业扶贫之路，带动贫困群众脱贫致富。

探索实践近三十载，走出产业发展之路。牛大场镇太子参种植起步于1993年，历经探索、起步和发展几个阶段，种植规模从最初的几十亩发展到现在的7万亩以上，种植农户也从10余户发展到现在的1.7万余户，辐射带动周边凯里、黄平、镇远、三穗、岑巩、余庆、石阡等县市种植25余

施秉县太子参产业种植基地（贵州省农业农村厅赵雪峰　供图）

万亩，极大地促进了农民增收致富。先进的太子参种植技术荣获贵州省""'十一五'十大农业科技成就奖"，成为全省中药材产业发展标杆。2012年"施秉太子参"获得国家地理标志证明商标，2016年培育出了"施太1号"太子参新品种。近年来，牛大场镇紧扣绿色崛起、绿色兴药，坚持生态经济化、经济生态化理念，确立中药材产业发展新路子。通过和省内院校科研团队合作，选育太子参新品种"施太2号"已通过省农委品种审定委员会初审，不断选育太子参新品种，将有力助推贵州太子参种子种苗种植领域形成统一的行业标准，加速构建我省太子参种子种苗供应保障平台，确保太子参优质种源持续、稳定供应，让贵州太子参在国内市场上更具话语权；通过和国内大型国企制药公司合作，打造太子参高标准规范化示范基地1万亩，最终实现全覆盖，建立太子参质量追溯体系，实现太子参产业安全、高质和可持续发展。

升级扩展太子参产业链条，加快农户脱贫步伐。牛大场镇太子参年交易量达5500吨以上。如何做大做强做优产业，延伸产业链条，牛大场镇围绕中药材研、产、供、销等环节，按照一二三产业融合发展的思路，借力省、州、县资源平台，专门打造了一个中药材现代高效农业扶贫产业示范园。逐步形成了产加销、贸工农旅相结合的扶贫产业体系，转变农业发展方式：发展以太子参为主的农产品保鲜、精深加工的第二产业和以太子参为主的生态农业休闲观光、农业物流、农产品电子商务的第三产业，形成"优一接二连三"的山地特色现代农业产业体系、生产体系、经营体系融合，多轮推动的产业扶贫路子。积极开发太子参为主的上下游产品，让太子参产业成为镇域经济的支柱型产业，成为农民增收的"活水源"。牛大场镇积极推动园区与贵州大学、贵阳中医药大学、贵州科学院等院校持续开展中药材良种繁育和新产品开发，新技术的研究、试验，培育太子参新品种。引进知名医药企业进驻园区，发展中药材太子参相关产品，延伸产业链条，提高产品附加值，"太子参刺梨饮料"产品已获生产许可认证。拓宽中药材销售渠道，专门出台政策支持培育当地中药材经纪人上门收购中药材，将产业扶贫的触角延伸到该镇的每一个角落。目前，该镇成规模的当地经纪人收购点就有86个，部分经纪人常年活跃在安徽亳州、河北安国、广西玉林等中药材市场。

建立集体带贫机制，脱贫攻坚不漏人。2018年，牛大场镇成立了9家村集体经济公司，整合扶贫资金218万元，流转土地2000余亩，带动了1000余人长期或短期就业，覆盖贫困户292户共923人，实现人均增收1600元。牛大场镇通过党建引领、示范带动、分类施策等办法，采取土地流转、务工学艺等多种形式，因户施策，一人一策，借太子参产业发展，把群众按村按户按人融入产业链各个环节上。帮扶干部牵线新型经营主体，引导、安置贫困群众就近务工，通过参与生产劳动、学习现代种植技能，借力新型经营主体经营方式、先进技术、机械设施、营销渠道等发展产业，让户户有增收门路、人人有脱贫项目。

九、刺梨产业案例

案例一：坚持走加工带动之路

近年来，贵州刺梨产业蓬勃发展，涌现出一批带动性、引领性较强的重点加工企业，培育出刺力王、天刺力、山王果、恒力源等区域品牌，研发生产出刺梨原汁、饮料、发酵酒、果酒、茶、果脯、刺梨干、口服液、含片、精粉等10余种刺梨产品。2020年全省种植面积达到200万亩，35家重点调度企业累计鲜果收购8.1万吨，果农售果收入4.05亿元，生产刺梨系列产品3.4万吨，累计销售2.8万吨，销售收入14亿元。实践证明，贵州刺梨坚持走加工带动之路，将农产品变为工业品、变为健康消费品，充分发挥龙头企业的带头示范作用，加强产销衔接和品牌打造，完善"公司+合作社+基地+贫困户"等利益联结机制，推进产业扶贫和消费扶贫，把刺梨打造成促进农民增收致富、改善生态环境的健康时尚生态产业。

水城县林务投资有限责任公司按照每年每亩400元的标准每年从农户手中流转土地发展刺梨产业，签订"三变"土地入股合同，聘用贫困户298人作为管护人员，并根据收购合同对刺梨进行保价回收，再向刺梨加工企业进行销售。这种以"种植企业+合作社+农户"为组织方式，农户将土地入股到合作社，流通企业与合作社签订入股协议，合作社负责组织管护、抚育、鲜果采收，农户以土地入股获得土地保底分红的方式，深入推进了"三变"改革，构建刺梨产业利益共同体，让企业、合作社、农户三者之间建立起利益联结。该模式在水城县已种植刺梨38.9万亩，关联合作社91家，带动农户37 358户共162 170人，其中贫困户11 367户共43 101人；前三年土地流转保底分红按照每年每亩400元，由种植企业直接支付给农户。

贵州省安顺市西秀区按照"公司+合作社+农户"模式，明确贵州大

宏财集团刺梨饮料生产线（贵州省农业农村厅赵雪峰　供图）

兴延年果酒有限责任公司负责生产销售，合作社牵头制定农残标准，监督农户禁用农用药物，指导施用农家肥、生物防治，做到原生态生长、标准化管理，农户负责刺梨种植采摘，充分发挥各环节职能，完善刺梨产业链，让小农户与大市场有机联系在一起，有效破解金刺梨产业销售难题，完善产业链条，推动刺梨产业健康发展。通过总结和推广西秀区刺梨产业发展模式，安顺市以西秀区为核心，普定县、关岭县重点，辐射带动其他县区，做到集中连片发展，最大限度发挥规模效应。安顺金刺梨种植覆盖55个乡镇345个村（其中贫困村168个），涉及种植合作社70个、大户500户、散户近2.3万户，受益人数达9.52万人。

盘州市委、市政府明确由宏财集团牵头发展刺梨产业，企业带头打造刺梨"种、产、加、销"一体化产业链，加工企业与合作社、农户签订收购订单，合作社按照企业要求组织农户种植，加工企业统一回购刺梨鲜果。2016年以来，公司新增刺梨种植面积37.27万亩，助推盘州市累计种植达61万亩，打造了21个集中连片示范基地，获批"国家级刺梨出口食品农产品质量安全示范区"，带动了3万贫困户共7万人口增收致富，刺梨种植户每年亩均增收2210元（含土地流转金）。盘州市将企业厂房、设备、产品研发中心和销售渠道，与合作社、农户种植基地进行资源整合，采取订单和保底收购方式，平衡各方利益，实现多方共赢，形成刺梨全产业链发展格局。

贵州山王果集团在黔南州贵定县自建基地3个。同时，带动并签订长期监管和保底收购协议的刺梨种植村级合作社4个，面积超过2万亩。同时采取"公司+合作社+种植户""以企带社、以社带贫困户"的模式，让贫困群众参与到刺梨产业的发展并得到实际收益。培养一部分有技能、踏实肯干的农户进入工厂成为公司员工，另一部分人员参与到刺梨的种植、除草、堆肥、剪枝、采摘等管护工作中。每年山王果集团自建基地开展三次人工除草，管理维护，采摘鲜果，均需要大量的劳动力。三年来，解决就业3.6万人次，其中贫困户80%以上，年支付流转费20万元、劳务费320万元。山王果集团成立10年以来，带动了超过2万户当地群众脱贫，其中精准扶贫户4332户。山王果也成为了年度销售过亿元的刺梨产业龙头企业。

案例二：引进广药集团发展贵州刺梨产业

2019年3月18日，贵州省人民政府与广药集团签订《关于推动贵州刺梨产业持续快速健康发展战略合作框架协议》，广药集团充分发挥龙头企业的带动效应和品牌效应，仅用98天就开发出了刺柠吉系列产品，新增开发气泡酒、刺梨月饼等产品，正在开发刺梨冻干片（粉）、咀嚼（含）片、儿童食品等，拟利用刺梨渣开发健康食品、刺梨鸡尾酒。广药集团在毕节市七星关区成立了广药王老吉（毕节）产业有限公司，主要是负责刺梨休闲食品，包括润喉糖、龟苓膏、气泡酒等的生产和运营。在黔南州惠水县成立贵州王老吉刺柠吉产业发展有限公司，主要是负责刺柠吉饮料的运营，同时分别与省内刺梨加工企业贵州恒力源、贵州欣扬公司、贵州金维宝公司等企业达成供应刺梨原料合作。刺梨产业帮扶工作得到各级领导的肯定，2019年6月10日，国务院扶贫办主任批示："广药集团的做法值得宣传推广，是一条好路子。"

广药集团充分发挥"头雁效应"与"涟漪效应"，通过刺柠吉品牌赋能，带动刺梨从"深山果"变成"致富果"，贵州刺梨产业呈现出高速发展态势。刺柠吉系列产品在2019年上市不到一年，销售额便突破1亿元，在2020年更是突破5亿元，带动贵州刺梨生产加工企业销售额同比增长30%以上，贵州从事刺梨加工生产的企业数量同比增长了50%，为贵州省全面脱贫作出突出贡献。目前，贵州刺梨种植面积已超过200万亩，受益刺梨农户超21.7万人，户均增收突破7000元。2020年，广药集团累计投入3亿元，持续在中央电视台、广东电视台、贵州电视台、广州–贵阳高铁及抖音等新媒体宣传刺柠吉。2020年4月28日，举办贵州刺梨产业发展论坛暨2亿元刺柠吉消费扶贫券上线仪式，邀请钟南山院士出席活动，极大提升了贵州刺梨知名度和影响力。

下一步，广药集团将持续探索刺梨产业发展的新思路，打造脱贫致富长效机制，为贵州刺梨产业高质量发展注入动能，推动贵州刺梨产业向百亿时尚生态产业发展，助力贵州巩固和拓展脱贫攻坚成果，全面推进乡村振兴。除广药集团外，娃哈哈、光明乳业、汇源等国内知名食品企业，均开始加入刺梨行业，并开发出了刺梨产品。这就是把农产品变成了工业品，把工业品变成了健康消费品。极大拓展了上下游企业，打造出了重点品牌，极快提升了我省刺梨产业加工能力和水平，也带动了更多的群众脱贫致富。

案例三：老乡钟南山为贵州刺梨打Call

2020年4月28日，中国工程院院士、国家呼吸系统疾病临床医学研究中心主任钟南山出席2020年贵州刺梨产业发展论坛暨刺柠吉2亿元扶贫消费券上线仪式。在发言中，钟南山院士"自曝"自己是贵州人，并到直播间为贵州刺梨点赞"带货"。

用贵阳话深情自曝：我是贵州人

论坛上，钟南山用贵阳话讲述了自己与贵州的深厚感情。他说："我本人是贵州人。从1937年到1946年，很长的一段时间里，我就生活在贵州，对贵州是很有感情的。"钟南山的籍贯是福建人，为什么会在贵州生活八年呢？这要从他的父亲钟世藩说起。

1937年，抗战爆发后，中央医院随同国民政府撤离南京，分别迁到重庆、贵阳、兰州三地。西撤到贵阳的是由沈克非院长率领的中央医院的三支支前医疗队。钟世藩夫妇带着一岁的钟南山，随中央医院西迁贵阳，组建了中央医院贵阳分院，亦称为贵阳中央医院，钟世藩为中央医院贵阳分院负责人之一。钟南山在这里，度过了8年的童年时光。

钟南山在接受媒体采访和多个场合，曾多次提及贵州，并心系贵州。2009年，钟南山受聘贵阳医学院名誉院长。如今，钟南山也是贵州医科大学名誉校长，帮助学校在医、药、产、研方面打造具有特色的医科大学。2016年，数百名专家组成援黔专家团，钟南山任团长。贵州省人民医院呼吸与危重症医学科联合贵州医科大学与钟南山院士成立贵州院士工作站，为呼吸与危重症医学科培养大批优秀的专业人才。贵州第一例新冠肺炎由贵州医科大学附属医院收治，医院聘请钟南山院士指导诊治、重症救治和诊疗培训等工作。

刺梨中富含的维C对新冠重症有临床疗效

2020年4月28日，钟南山院士出席贵州刺梨产业发展论坛。论坛中钟南山院士就刺梨如何成为贵州脱贫攻坚"抓手"、维生素C在医学上的重要性等方面进行了分享，肯定了刺梨在医养上的研究价值。钟南山表示，刺梨中含有大量的维生素C，100g刺梨中就含3g（3000mg）的维生素C，是所有水果中含维生素C最高的。而维生素C对很多病症都有很好的疗效。他认为，维生素C对新冠肺炎重症有显著疗效。他说："疫情防控期间，中南医院和瑞金医院，在临床上尝试用大剂量的维生素C治疗新冠肺炎重症病人，有一部分病人取得了较好的成效。"

走进直播间，为贵州刺梨打Call

在论坛当天，专门设置了电商直播环节，钟南山院士和广药集团董事长李楚源，以及淘宝"直播天团"走进直播间，向网友介绍刺梨、刺柠吉等，科普维生素C对提高免疫力的作用，以幽默、轻松的语言与线上观众直播互动。直播累计超过258万人次观看，超过835万人次点赞。

为持续以消费扶贫带动贵州刺梨产业发展、助力贵州脱贫攻坚，广药集团还向市场发放了刺柠吉2亿元扶贫消费券。广药董事长李楚源表示：

"此次活动中，每卖出一箱12罐装的刺柠吉，广药王老吉捐出2元，每卖出一箱24罐装的刺柠吉捐出4元，全部用来帮助贵州当地困难群众。"

领衔刺梨功效研究，希望能使贵州真正脱贫

钟南山评价，"刺梨具有较高的营养价值。以刺梨的特点为抓手，以广药集团为平台，让刺梨从普通东西变成了'宝贝'，从农产品变为工业品、世界性消费品。希望通过这样的帮扶形式，使贵州地区广大老百姓生活水平提高，实现真正脱贫。"

广药集团携手钟南山医学基金会，向贵州省红十字会捐赠价值100万元的药品，用于支援贵州人民抗疫防控。为推动刺梨产业发展，贵州省人民医院、贵州省呼吸疾病研究所和广药集团联合开展贵州刺梨产业科研项目合作。此外，钟南山院士还将领衔，与贵州省呼吸疾病研究所、广药集团共同成立"刺梨防治呼吸疾病产学研联合攻关组"，深入研究和挖掘刺梨的功效。

十、生态渔业产业案例

案例一：铜仁市"六强化六提升"推进冷水鱼产业实现"六个转变"

近年来，铜仁市始终坚持绿水青山就是金山银山的发展理念，坚持"突出区域特色，加强薄弱环节，促进产业集群，提高竞争优势"原则，立足独特的生态资源优势，着力把生态优势转化为经济优势，大力发展冷水鱼产业，实现冷水鱼产业裂变式发展。2019年，全市冷水鱼规模养殖点

150

达到26个，有效流水养殖面积达21.8万平方米，产量达到5150吨，苗种年繁育能力达到1000万尾，产值达到2亿元，占全省冷水鱼产量45%、产值37%，具有年产商品鱼200吨以上企业10家。2020年全市预计新增鲟鱼养殖场10余家，新增鲟鱼养殖面积5万平方米以上。

一是强化组织保障，提升政策扶持力。市委、市政府高度重视生态渔业发展，出台《铜仁市生态渔业发展实施意见》，成立以市政府副市长和市政协副主席任双组长的生态渔业领导小组和生态渔业发展工作专班，印发《市领导领衔推进农村产业革命工作制度》，加强对全市生态渔业发展工作的组织领导和业务指导，强力推进冷水鱼产业发展。同时强化资金保障，积极对接省级相关部门项目申报，争取国家专项资金。

二是强化基础建设，提升产业支撑力。依托丰富的山泉水等冷水资源，以梵净山环线的江口县为中心，以鲟鱼、大鲵等品种为重点，带动印江、松桃、碧江开展生态特种冷水鱼养殖，逐步扩大规模及范围，培育冷水鱼产业品牌。目前全市基本实现冷水鱼孵化繁育、养殖生产、精深加工、营销网络等全产业链发展。全市累计建成冷水鱼规模养殖场34个。2020年全市预计新增冷水鱼养殖面积5万平方米以上，可实现鲟鱼产量6000吨，产值达2.4亿元。

三是强化内培外引，提升企业带动力。近年来，全市聚焦龙头企业创建，先后引进和培育红星集团、贵州绿源水产、贵州东亿农业、贵州古鲟生物、贵州博龙渔业等龙头企业来铜发展冷水鱼产业，目前全市培育冷水鱼省级农业龙头企业一家，市级农业龙头企业6家。积极组织贵州东亿农业发展有限公司申报省级农业龙头企业，通过"龙头企业+农户"模式带动产业发展，冷水鱼健康养殖"龙头企业+农户"模式入选"贵州省农村产业革命12个特色产业发展模式"。冷水鱼产业发展龙头企业和规模养殖场在技术与制度创新的相互渗透、相互交叉形成冷水鱼产业形态的动态发展，带动100余个小型企业（合作社、大户）3000余人，江口县规模企业达8个，带动43个小型企业（合作社、大户），覆盖贫困户320余户共1000余人。

四是强化精深加工，提升产品影响力。近年来，全市在现有鲟鱼养殖的基础上，通过与长江水产研究所、四川润兆等科研团队合作，建立冷水鱼产品研发中心，积极推动江口鲟鱼籽酱加工基地、贵州古鲟生物鲟鱼籽酱加工等项目建设，延长产业链条，提高产品质量，提升产品附加值和产业规模化效益。目前，江口县鲟鱼籽酱加工基地已完成主体工程施工，正在购置安装鱼籽酱加工设备设施，2020年11月可建成投产，项目建成后，每年可培育鲟鱼亲鱼600吨，产鱼籽酱20吨，副产品150吨，提供就业岗位80个，人均增收3000元以上。

五是强化品牌打造，提升市场销售力。依托得天独厚的生态资源优势，深入实施冷水鱼品牌战略，以品牌打造倒逼产业规范发展和转型升级。全市冷水鱼养殖严格按照无公害操作规程与要求生产和加工，从优质产品、商标注册、广告宣传、产品包装到经营策略进行全方位品牌建设，打造无公害食品品牌，不断提升冷水鱼的竞争力和附加值，实现以品质求发展，以品牌求发展的良性循环。全市冷水鱼产业已获农业部健康养殖示范场3家，获得无公害农产品产地认证6家，江口县已注册"贵水鲟"冷水鱼品牌，鲟鱼产品远销越南等东南亚国家，年实现鲟鱼出口产量50吨。

六是强化利益联结，提升脱贫推动力。全市冷水鱼产业发展严格遵循"资金跟着扶贫对象走，扶贫对象跟着能人走，能人和扶贫对象跟着产业项目走，产业项目跟着市场走"的思路，瞄准扶贫对象，着眼精准脱贫，通过直接帮扶、委托帮扶、股份合作等方式，带动扶贫对象实现增收脱贫和可持续发展。全市通过"龙头企业+合作社+农户"模式，建立完善利益联结机制，通过土地租金、土地入股、资金入股、技术入股等方式带动农户1500余户共5000余人增收，其中贫困户500户共1500余人，实现户均增收3000元以上。比如，贵州省东亿农业发展有限公司采取该模式，基地商品鲟鱼年产量达1000吨，通过土地入股、资金入股、技术入股等方式带动20余户农户参与公司分红，户均年分红5000元以上，带动100余户农户到基地务工，户均年增收2000元以上。

案例二：龙里县"四促四构建"推进稻渔综合种养产业实现"六个转变"

2020年，龙里县实施标准化稻鱼综合种养3550亩，示范带动群众发展稻渔综合种养1.3万亩，修建标准化鱼坑1000个，采用市场化运作方式建成20亩稻花鱼苗种繁育直供基地1个，有效降低了稻花鱼种养殖成本，为规模养殖立体化发展提供了可靠的发展路径和有力保障。

一是以生态促发展，构建规模立体养殖体系。龙里县深入践行"绿水青山就是金山银山"的发展理念，依托丰富的水资源和无污染的稻田环

江口县鲟鱼养殖基地（贵州省农业农村厅赵雪峰　供图）

境资源优势，改造提升传统水稻种植模式，高质量发展"稻花鱼"立体生态农业。以湾滩河镇、洗马镇为重点，通过"稻+N"模式养殖鲤鱼、草鱼等品种，采用沟涵式（即在实施项目的稻田中亩均开挖鱼坑面积8平方米，开挖深度1.0米，田埂高60公分，并开挖鱼沟，鱼沟宽深为"40×40公分"）全面打造稻鱼综合种养示范基地。在总结以往经验的基础上，扩大种植规模，形成产供销一体化发展产业链立体养殖体系。

二是以资源促转化，构建产业发展帮扶机制。整合资源谋发展，齐聚发力增收入。通过向上对接，积极协调，整合财政扶贫资金、涉农项目资金、乡村振兴资金共计666万元，在湾滩河镇、谷脚镇、洗马镇开展稻渔综合种养基础设施建设和稻鱼、稻虾养殖模式示范点建设。2020年以来，依托村级股份制经济合作社成立契机，以"村级合作社"为基础，发挥合作社"抓总"能力，统一实施稻渔综合种养项目。在项目实施过程中龙里县首先抓住合作社这个"牛鼻子"，改变了以前传统的涉农项目帮扶方式，由合作社统一申报项目后通过宣传发动、项目支持等有效激发农户的"主体"功能，采取"先建设后补"方式，扭转群众根深蒂固的"等、靠、要"思想，用制度来激发农户的内生动力，目前全县稻渔综合种养项目取得了较好成效，实现了"试验"到"示范"的转变。2020年全县共实施稻渔综合种养3550亩，涉及农户1794户，其中贫困户542户。

三是以产业促销售，构建黔货出山运行模式。聚焦产业革命"八要素"，发挥生态渔业扶贫增效作用，带动贫困户增收致富。目前，已将益

稻渔综合种养（贵州省农业农村厅赵雪峰　供图）

农社、繁育场及市场终端主体端口接入智慧农业信息平台，并通过在县城集贸市场设置销售点、动员机关干部和群众购买、联系省内各大饭店购买以及准备在贵阳设立销售点等举措促销售。

四是以服务促带动，构建绿色生态环保产业。为充分发挥基层党组织在农村产业革命中的领导核心作用，龙里县始终坚持益渔则渔、科技兴渔方针，积极组建"科技兴渔"党员志愿服务队，实施一线工作法，推动技术人员贴近一线，贴近群众，深入镇村种养殖示范基地，通过召开党员大会、村民小组会等形式向群众实操讲解稻谷生长习性和稻花鱼管护的技术要领和应急处理措施，不断推进科技创新能力和科技成果转化，提升渔业综合服务能力，构建绿色生态环保产业发展互利共生机制。截至目前，全县累计举办各类渔业技术培训班37期，培训人数达1973人次，发放稻渔综合种养技术等相关资料15 000余份，接受咨询人员700多人次。同时抽调水产养殖专家驻村蹲点开展稻渔综合种养技术服务，为养鱼农户提供帮助，提高农户养殖水平，降低鱼苗死亡率，切实增加群众收入。以点带面，技术推广，调动广大农户的养殖积极性，达到调动一批、带动一批、发展一批、影响一批的效果。

2019年，龙里县标准化稻渔综合种养示范基地实现稻花鱼产量45 267公斤，产值117万元，惠及农户700户，其中贫困户201户。据对2019年全县稻渔综合种养抽样测产和产值分析显示，龙里县稻花鱼养殖平均产量在每亩31公斤左右，稻渔综合种养的平均每亩产值在900元左右，扣除苗种投放、人工管理等生产成本（每亩在300元左右），每亩稻渔综合种养的纯利润可达600元。此外，养鱼稻田亩均稻谷产量509.09公斤，比周边常规稻田亩均48.01公斤，增产率10.41%。稻渔综合种养稻谷平均单价每公斤3.66元，较常规稻田稻谷平均单价每公斤3元高出0.66元，稻谷亩均增收480.03元。两项相加，稻渔综合种养新模式亩均增收1080.03元。

案例三：贵州省光照湖（牂牁江）大水面生态渔业：跨行政辖区水域协调机制创新探索

近年来，贵州益寿生态养殖有限公司（以下简称"公司"）以"龙头企业+企业（国有公司）+村集体（合作社）+贫困户"的合作模式，依托光照湖（牂牁江）资源禀赋和生态环境优势，大力推进光照湖（牂牁江）高标准生态渔场建设工作，并取得了阶段性成果，累计投放生态鱼苗1750余吨，在7.5万亩水域内实现全域生态放养，花贡鱼苗繁育基地建设进度已达90%以上，小范围预捕取得初步成效，全年起捕生态花鲢260余吨，光照湖（牂牁江）鳙鱼取得有机产品认证，技术合作领域进一步巩固，解决固定就业岗位100个，利益联结成效显著，水库水域生物获得长期稳定健康发展，"以鱼净水，以水养鱼"模式初显成效。

搭建实施主体。公司成立于2018年12月，注册资金5000万元，经营范围涉及水产品、养殖、捕捞、销售、水产良种培育、生态渔业旅游、渔业环境保护等。按照生态渔业产业发展要求，在7.5万亩光照湖（牂牁江）库区发展大水面生态渔业。其中，晴隆县3.27万亩、关岭县0.11万亩、普安县0.29万亩、六枝特区2.91万亩、水城县面积0.91万亩，公司先后与5县区签署合作协议（期限为15年）。公司现有中高级水产师9人，专业捕捞队2支。与贵州省水产研究所、贵州省特种水产工程技术中心、三峡大学水利与环境学院等单位签订技术合作协议。

布局苗种基地。公司围绕苗种保供关键环节，先后投入资金2744万元，在晴隆县花贡镇新建一个鱼苗繁育基地，主要繁育白鲢、花鲢、鲤鱼、草鱼等鱼种。基地占地面积为150亩，建设内容有：进排水设施、亲鱼培育池、圆形产卵池、孵化池、育苗池、尾水生态处理池、仓库办公用房及生产车间、绿化道路等配套设施。建成后可年产水花鱼苗2亿尾，寸片夏花苗1000万尾，种鱼22万斤。建设进度已达90%以上，预计今年3月投产，苗种主要投向光照湖库区。项目的建设和发展得到了省生态渔业专班的大力支持，并安排专项资金548万元支持项目做大做强。

实施生态放养。按"人放天养"模式，投放滤食性鲢、鳙为主，草鱼、鲤和鲫等杂食性鱼类和底栖鱼类为辅的鱼苗，同时投放经济鱼类——青虾和银鱼，使水体生物链和物质、能量循环处于最佳状态。严格控制养殖品种和规模，通过对光照湖库区鱼产力的测算，科学的计划每年的投放量与捕捞量，库区累计投放生态鱼苗达1750余吨。同时，建立打击非法捕捞联合执法体系，采取公司化运行，对库区进行统一管理，有效扼制了非法捕捞（电鱼、毒鱼、台网、地笼等）、过度捕捞对库区鱼类资源的破坏。通过对湖面垃圾等漂浮物的清理使库区环境得到了有效治理，促进了库区生态平衡和环境改善，实现了保护与发展的有机统一。

创新合作模式。企业采取"龙头企业+企业（国有公司）+村集体

（合作社）+贫困户"的合作模式，与晴隆黔祥农业开发投资有限公司、晴隆县宏志养殖农民合作社、晴隆县都田种植农民专业合作社、晴隆众裕种养殖农民专业合作社、晴隆县新光碧霖种植农民专业合作社、晴隆长流逐岁丰辣木种植农民专业合作社等单位展开合作。项目资金1200万元量化到长流乡、中营镇、花贡镇、茶马镇、莲城街道5乡镇村集体（合作社），村集体（合作社）通过三变模式入股到公司，每年可实现收益：第一年合计收益494.8万元，其中：分红收益为360万元，资源利用收益134.8万元；第二年合计收益314.8万元，其中：分红收益为180万元，资源利用收益134.8万元；第三年合计收益314.8万元，其中：分红收益为180万元，资源利用收益134.8万元。预计可覆盖带动1600户贫困户增收脱贫。

做好产销对接。2020年中绿华夏有机食品认证中心首次向公司发证，光照湖（牂牁江）有机鳙鱼获得有机产品认证，标志着光照湖库区生态鱼品质得到提升，贵州人民在家门口也能购买到质量可靠的光照湖有机鳙鱼。截至目前，光照湖（牂牁江）大水面生态渔业有机花鲢销售量已达52万斤，平均单价为7.8元，销售总额为405.60万元，主要销往贵州、云南、重庆、广西等地。在生产、捕捞及销售环节，实时邀请晴隆县农业农村局（主要监督品种、规格），晴隆黔祥公司（主要监督数量）等单位到现场进行督导。

强化利益联结。公司在项目建设过程的用工在同等条件下优先雇用5个乡镇的贫困户，让贫困户另外获得务工收入，该项目共开发固定就业岗位100个，其中贫困户务工数60人以上，（岗位推送：长流乡、中营镇、花贡镇、茶马镇、莲城街道等5个涉水乡镇、街道各12个），每个就业人员年收入24 000元左右。乡镇、合作社负责组织推荐涉水乡镇农户（贫困户）到企业就业，经培训合格后，上岗就业；同时，增加部分季节性捕鱼务工，带动群众增收。目前，公司已经解决贫困户就业人数120人，覆盖1500户，带动6000人。

十一、辣椒产业案例

案例一：遵义市围绕"一心两翼多点"建设世界辣椒加工贸易基地

遵义市紧紧围绕"一心两翼多点"战略布局，以中国辣椒城为中心，以新蒲辣椒食品加工园、播州辣椒调味品加工园为两翼，以红花岗、汇川等特色辣椒食品加工区、湄潭优质泡椒加工区、绥阳优质干椒加工区为多点，强力推进遵义辣椒品种、种植、加工、流通、市场、品牌等全产业链条向规模化、集群化、高端化、国际化发展，实现建成世界辣椒加工贸易基地宏伟目标。

着力科技研发。依托遵义市院士工作站和辣椒科研团队，加强与国内领先科研院校、企业的合作，高标准建立辣椒研发平台。设立辣椒科研专项，引进省内外高水平的科研团队入遵开展研究及其成果转化，加强地方特色品种资源的保护和开发，加快培育优质、高产、抗病和适应市场需要的优良品种，加大对辣椒精深加工制品的全面研发。支持省辣椒研究所、市农科院、省辣椒产业体系遵义综合实验站等机构，开展辣椒全产业链研发，打造国家级辣椒研发基地。

大力培育职业椒农。立足山地农业特色，坚持适度规模经营，抓好小农户与现代农业发展的有效衔接，以30亩左右为基本单元，逐步培育职业椒农8万户以上，逐级建立健全职业椒农信息档案，每年定期对职业椒农开展职业技能培训，提升职业椒农素质。

推进标准种植。重点发展加工型朝天椒和干鲜两用型线椒，全力组织开展辣椒"换种工程"，主推 "遵义朝天椒"系列品种，2020年，完成辣椒"换种工程"37.8万亩，产值增加1.3亿元。全面规范辣椒生产全过程，大力推行集约化育苗、深沟起垄覆膜定植、施用专用肥、病虫绿色防控、质量认证等综合技术措施，推广"椒+菜""椒+肥"、水旱轮作、种养循环、生态栽培等优良种植模式，创办省、市、县、镇（乡）四级示范点302个、示范面积共10.5万亩，推动全市辣椒标准化种植125万亩，示范带动全市种植辣椒220余万亩，全国辣椒种植面积地级市第一。加快辣椒"两品一标"认证，积极创建有机产品认证示范区，规模基地无公害认定100%、绿色认定70%、有机认定30%，建立辣椒质量追溯体系。坚持产销"五统一"（统一品种、统一生产、统一包装、统一品牌、统一销售），着力建设成全国优质辣椒标准化生产示范区。

着力招商引资。市、县两级加快制定出台区域辣椒产业招商政策，主动融入黔川渝结合部中心城市，以更加开放的政策、更加有力的举措，更好的营商环境，推动"以商招商、以情招商"落到实处，吸引更多世界500强企业和外向型企业入遵投资发展辣椒生产加工贸易，主要产椒县（市、区）每年各引进1至2个国内外知名精深加工企业入驻，加快培育一批国际竞争力较强的龙头企业。

打造加工集群。整合资源优势，成立市级辣椒行业协会，主要产椒县（市、区）组建集生产、加工、包装、仓储、流通为一体的产销联合体，形成以新蒲新区、播州区、绥阳县为核心，其他县（市、区）为补充的加工企业集群。重点建设虾子世界辣椒食品加工园、石板世界辣椒调味品中心两个100亿级产业园，加快培育国家级龙头企业5家、省级龙头企业50家以上，提升产业组织化程度。

加快市场升级。充分利用遵义国有企业资源优势，以收购、参股、控股等形式，组建中国辣椒城股份集团公司，逐步形成仓储、冷链物流集散中心；加快推进中国辣椒城升级改造，配套鲜椒、生产物资、辣椒制品交易及物流包装等功能区，持续常态发布《中国干辣椒价格指数体系》，大力推进辣椒产业与"大数据"产业深度融合，将中国辣椒城打造成名副其实的国家级遵义辣椒市场；以企业为主体大力发展电子商务和线下体验店，推进"椒旅"一体化发展，将虾子镇、石板镇打造为国际辣椒特色小镇，尽快做大做强虾子辣椒市场，不断提高市场份额占比。

完善市场功能。高标准打造提升中国辣椒城现货交易、电子商务、信息发布、质量检测、仓储物流、展示展会、商务洽谈、期货交割库等软硬件设施，争取国家级遵义（虾子）辣椒专业批发市场尽快获批；加快搭建辣椒进出口贸易平台，完善辣椒集散贸易功能体系；围绕重要产

遵义·中国辣椒城（贵州省农业农村厅赵雪峰　供图）

地镇（乡）集市，以规模种植区为核心，高标准建设200个产地市场，并配套建设相应的冷藏、烘干、仓储等设施，构建"环虾子"辣椒市场网络体系。

创世界级品牌。加快制定遵义朝天椒种植、干制、分级、包装、质量检测等标准，建立健全遵义辣椒质量标准体系，规范遵义朝天椒品牌产品定级定价；全力打造"遵义朝天椒"公共品牌，做大做强"虾子辣椒"市场品牌，着力培育50个贵州省名牌产品、5个中国驰名商标、2个世界知名品牌，打造全产业品牌。依托"中国贵州国际辣椒博览会"大型专业国际展会资源。举办各类辣椒展览展销、商贸洽谈、产业论坛、学术交流等会展贸易活动，并将"建设世界辣椒加工贸易基地高峰论坛"列为每届辣博会固定活动内容，把遵义培育成为国际辣博会永久性会址，坚持政企联动，多媒体多形式全方位加大品牌宣传力度，打造世界"辣博会"会展品牌。

十二、生态家禽产业案例

案例一：赤水市发展生态家禽产业，从粗放量小向集约规模转变，从"提篮小卖"向现代商贸物流转变

赤水市委、市政府始终把赤水乌骨鸡作为赤水市农业主导产业和脱贫攻坚支柱产业，已坚守发展二十余年，探索完善了"公司+基地+农户""公司+村集体+贫困户"等生产经营模式，总结推广了"林地放养+原粮补饲""垫料平养"等生态养殖方式。一是密织政策保障体系。

赤水乌骨鸡保种场（贵州省农业农村厅赵雪峰　供图）

特色饲养鸡种展示区（贵州省农业农村厅赵雪峰　供图）

2010年以来，全市已投入生态家禽产业发展资金1.1亿元，协调金融机构贷款0.65亿元。同时，配套出台优惠政策，吸引社会资本投资生态家禽产业，成立专业合作社12家，培育遵义市级龙头企业1家，省级龙头企业1家，企业完成投资2亿余元。二是完善产业发展模式。由养殖业主与龙头企业签订代养合同，以"五统一"模式，由企业统一提供鸡苗、饲料、防疫、管理，统一按合同价回收产品，是我市目前的主流养殖模式。按照利益联结机制，提取村集体经济组织管理费用3万元、村集体经济发展积累资金6万元，其余21万元用于联结贫困户分红，同时还可解决3—5名贫困劳动力就业。截至目前，全市已有3.12万户农户参与生态家禽产业发展，其中，贫困户4032户，覆盖贫困人口1.42万余人，带动人均增收1200元。三是健全产业发展链条。赤水市从90年代开始开展种质资源保护与开发利用工作，已建成国家级原种场1家，存栏种鸡6万套，通过长期的选种培育和提纯复壮，现已培育出赤水乌骨鸡黑羽、绿壳蛋、白羽3个品系。同时还结合市场需求，引进了麻黄、青脚鸡等种鸡，形成了较为完整的肉鸡品种系列。通过整合财政资金、争取金融资金、吸引社会资金等方式，建成标准化养殖圈舍27万平方米，全市常年存栏生态家禽300万羽以上，2020年出栏数量已达1083万羽。实施"招大引强"，结合"本地培育"，打造全产业链龙头企业。目前，贵州奇垦农业年产30万吨饲料加工厂已投入试运行，年屠宰能力1100万羽家禽屠宰场年底投产，初步实现赤水生态家禽全产业链发展，成为黔北川南地区最大的肉鸡产业化示范基地。四是加大品牌培育。2010年竹乡乌骨鸡

竹林生态放养（贵州省农业农村厅赵雪峰 供图）

农庄家禽放养基地（贵州省农业农村厅赵雪峰 供图）

获得国家农产品地理标志登记保护认证，2018年"丹青竹乡鸡"牌乌骨鸡及绿壳蛋通过国家生态原产地产品保护认证，2019年贵州竹乡鸡养殖有限公司的赤水乌骨鸡及绿壳蛋通过有机产品认证。2011年，赤水乌骨鸡获"消费者最喜爱的100个中国农产品区域公用品牌"，2015年获"贵州生态农业100张优强品牌名片"，2016年"丹青竹乡鸡及图"被评定为"贵州省著名商标"，"丹青竹乡鸡牌"绿壳蛋被评定为贵州省名牌产品，2017年获得"贵州十大优质禽产品"和"中国长寿之乡养生名优产品"称号。现有"丹青竹乡鸡""黔乡土鸡、竹乡乌骨鸡"等注册商标9个，发明专利1项。五是拓宽销售渠道。坚持"线上线下结合、平台实体互补"的模式，商品鸡已成功销往重庆、成都、贵阳、昆明等城市，种苗进入贵州、四川、云南、重庆、福建、广东、广西等省市，白条禽入驻"饿了吗"电商平台，绿壳蛋通过微信等销往全国各地，在重庆、成都等地建有直销门市和营销网点32个，每年外销家禽850万羽以上。

案例二：西秀区发展生态家禽产业，以鸡为主题打造"金鸡农庄农业综合体"，从单一种养殖向一二三产业融合发展转变，并间接带动所在区域8个村寨通过土地流转、休闲农业旅游接待、农产品生产及加工等全面实现脱贫致富

安顺市西秀区金鸡农庄农业综合体，是中国第一个以鸡为主题包含亲子体验、自然教育、文化创意的农业综合体，占地面积5000多亩，现已投资近3000万，具有农家特色餐饮、农家旅馆住宿、特色烧烤、农事体

金鸡农庄综合体全景图（贵州省农业农村厅赵雪峰　供图）

验、民俗采风、户外露营、儿童乐园、户外健身、林下生态养殖等服务项目。围绕"金鸡"二字做文章，以"金鸡"产业、文化、饮食业为中心，生态果蔬种植为辅助，将传统农业与旅游观光、休闲娱乐、养生度假、文化创意、科普教育等有机结合起来，使"金鸡农庄"成为有看点、游点、娱点、吃点、养生点的农庄。既增加了当地农民的就地就业机会，还可通过土地入股、租金等方式获得长期收益。目前，农庄直接带动45户贫困户就业脱贫；62户土地入股分红；500余户土地流转租金收益。通过"金鸡农庄"的窗口效应，林下生态养殖扶贫已遍及安顺市西秀区8个乡镇26个养殖点、平坝区2个养殖点，现所养殖种类有土鸡、肉鸡、白凤乌鸡、五黑乌鸡、珍珠鸡、贵妃鸡、芦花鸡、美国大火鸡、越南大脚鸡等10多个品种，养殖规模达20万羽，直接带动600余贫困户脱贫致富。

2020年，在现有基础上打造成为万亩农旅结合田园综合体，其中规划包含金鸡辣子鸡制作馆、农业种养殖体验区、农产品展示馆、休闲养生中心、特色农产品制作加工坊、户外健身区、家庭农牧场租赁区、民族文化手工坊、物流中心等核心区域。建设完成后，预计年接待游客可达30万人次，营业收入达10 000万元，农户人均收入达20 000元，将直接带动当地800户贫困户就业增收，并间接带动所在区域8个村寨通过土地流转、休闲农业旅游接待、农产品生产及加工等全面实现脱贫致富。目前，已注册"黔山屯"六个系列品牌，销售渠道主要通过线下门店（安顺两城区、贵阳）销售、线上电子网络销售、广州、深圳、上海和各地代理商销售，以及供给西秀区绿野芳田有限公司，实现真正的"菜单式"产业扶贫，同时

稻鱼鸭养殖基地（贵州省农业农村厅赵雪峰　供图）

稻田里的鸭棚（贵州省农业农村厅赵雪峰　供图）

也逐步形成"大生态养殖""大扶贫""大数据"扶贫产业链。

案例三：黎平县发展生态家禽产业，深入挖掘农耕文化，全县大力推广"稻渔鸭"共生模式，按照"龙头企业+合作社+农户"的组织形式，将所有农户紧密连接起来，统一饲养管理，从自给自足向参与现代市场经济转变，从单一种养殖向一二三产业融合发展转变

黎平县地处"黔湘桂"交界处，是全国侗族人口聚居的核心区，"稻渔鸭"共生模式是侗族地区传统农耕文化的生产方式。2011年6月，侗乡稻鱼鸭复合系统被联合国粮农组织列为全球重要农业文化遗产的保护试点。水稻与田鱼、田鸭共生是一种自我平衡的生态系统，鸭吃稻田里的杂草、昆虫；鸭粪可作稻田肥料及喂鱼，水稻吸收鸭肥后净化水体，形成生态循环系统。1400多年前，老百姓就发明了在稻田中同时饲养鱼和鸭子的方法，每年春天，谷雨前后，农民把秧苗插进了稻田，鱼苗也就跟着放了进去，等到鱼苗长到两三指长，再把体重150—200克的雏鸭，按亩放养30只左右，放入稻田中饲养，鱼、鸭的活动对水稻有除草、松土、保肥施肥、促进肥料分解、利于水稻分蘖和根系发育、控制病虫害的作用，稻草又为鱼儿和鸭子遮阴蔽日，让它们迅速"增肥"，最后，在这片稻、鱼、鸭和谐共生的环境中，稻田养鱼、鱼养稻，稻、鱼、鸭三丰收。

2020年，黎平县农业农村局结合传统的稻田养鱼放鸭模式，共推广1800亩"稻鱼鸭"示范工程，在黎平县的茅贡镇、地坪镇、永从镇、双江镇等乡镇推广1800亩"稻鱼鸭"示范工程，针对山地坝区，推广"稻

鱼鸭"模式可以提高亩单产效益，实现亩产值8000元左右。促进生态循环种养模式发展，实现种养结合生态化，有效解决农村长期以来家庭养殖带来"脏、乱、差"的现象。像黎平县茅贡镇高近坝区"有机稻+鱼+鸭"产业示范基地300亩，投入财政专项，扶贫资金41万元，带动群众200户，其中建档立卡贫困户120户。取"龙头企业+合作社+农户""合作社+协会+农户"创新村经济工作的领导方式和组织形式，把企业、合作社、农户有机联合起来发展，能够有效地带领贫困户增收致富。贵州新绿洲农业有限公司负责提供鸭苗，茅贡镇好姑郎、宏德等农业合作社负责政策宣传、发动组织群众组织实施，加强日常管理，县农业局支持农民培训、技术服务；协会负责销售；农户通过扶贫资金入股，量化分红，按照每户不超过2万元的标准进行利益联结，切实将财政专项扶贫资金用在刀刃上，确保资金使用安全，资源得到充分利用，产业项目推进有效，群众增收有保障。

后 记

历尽铅华成此景,人间万事出艰辛。在"两个一百年"奋斗目标交汇期,感恩奋进的贵州,奋力向贫困发起总攻,以高质量打赢脱贫攻坚战的历史性成就,宣告彻底撕掉延续千百年来的绝对贫困标签,这是贵州具有划时代意义的大事件;后发赶超的贵州,开创经济社会"黄金十年"快速发展期,以同步全面建成小康社会的历史答卷,宣示开启全面建设社会主义现代化的崭新征程。

党的十八大以来,贵州深入学习贯彻习近平新时代中国特色社会主义思想,深学笃行习近平总书记对贵州的指示批示精神,牢记嘱托,感恩奋进,坚持以脱贫攻坚统揽经济社会发展全局,紧紧依靠全省各族干部群众的团结拼搏,牢牢守好发展和生态"两条底线",强力实施大扶贫、大数据、大生态"三大战略行动",聚力推进生态文明试验区、大数据综合试验区、内陆开放型经济试验区、毕节试验区贯彻新发展理念示范区建设,经济社会发展取得历史性成就,实现经济总量赶超进位的历史性跨越,被习近平总书记赞誉为党的十八大以来党和国家事业大踏步前进的一个缩影。

贵州是全国贫困人口最多、贫困面最大、贫困程度最深的省份,是全面建成小康社会任务最艰巨的省份之一。作为全国脱贫攻坚主战场的贵州,精准靶向扶贫之的,精准把握脱贫之势,精准推进脱贫之事,举全省之力向绝对贫困发起总攻，以从全国贫困人口最多的省份成为减贫人口最多的省份的战贫业绩，以全国最大规模的易地扶贫搬迁推动贫困人口一步跨千年的战贫壮举，以可绕地球两圈的组组通硬化路为标志的改善贫困区域生产生活条件的战贫行动，以来一场振兴农村经济的深刻的产业革命持续推动产业扶贫的战贫创举，以教育、住房、医疗和饮水安全"3+1"根本保障阻断贫困代际传递的战贫举措，以扶贫脱贫与扶志扶智相结合夺取物质和精神"双丰收"战贫硕果，奠基了一个经济社会发展速度走在全国前列的贵州，成就了一个消除绝对贫困而奋力爬高的贵州，66个贫困县全部摘帽，923万贫困人口实现脱贫，消除了绝对贫困和区域性整体贫困，如期完成了脱贫攻坚目标任务，一步跨千年，同步达小康，为中国减贫奇迹作出了贵州贡献，打造了脱贫攻坚的"贵州样板"，开辟了同步小康的"贵州新路"，缔造了决战决胜的"贵州精神"，成就了中国减贫奇迹的"贵州缩影"。

贵州的减贫奇迹，是在习近平总书记亲切关怀、党中央坚强领导下取得的，是习近平新时代中国特色社会主义思想指引下干出来的，是贵州各级党委政府团结带领生活在17.6万平方公里土地上的3800多万各族人民同心战贫、众志成城书写的。贵州脱贫攻坚的成功实践，是党的领导的政治优势的鲜明体现，是社会主义制度优越性的生动诠释。贵州的脱贫攻坚的基本经验，着力于生产方式和生活方式的协调变革，着力于主观世界和客观世界的相互改造，着力于普遍联系和变化发展的相互促进，蕴含着落后地区以脱贫攻坚为统揽推动经济社会发展进步的基本规律和基本方法，构成了贵州"守底线、走新路、战贫困、奔小康"的独特方法论体系，是我们巩固拓展脱贫攻坚成果、持续推进乡村振兴、开启现代化新征程的重要物质积累，是我们开创百姓富生态美多彩贵州新未来的宝贵精神财富。

当前，我省正在深入学习贯彻习近平总书记春节前考察贵州工作时的重要讲话精神，以高质量发展统揽全局，围绕在新时代西部大开发中闯新路、在乡村振兴上开新局、在实施数字经济战略上抢新机、在生态文明建设上出新绩"四新"目标，抢抓重大机遇，发挥比较优势，统筹推进新型工业化、新型城镇化、农业现代化、旅游产业化"四化"发展，奋力开创百姓富、生态美的多彩贵州新未来。

适时组织编写出版"中国减贫奇迹的贵州路径"丛书，对于我们全面贯彻落实党的十九届五中全会精神，落实省委十二届八次、九次全会精神，弘扬贵州脱贫攻坚宝贵经验，发扬新时代贵州攻坚精神，巩固拓展脱贫攻坚成果，推进乡村全面振兴，接续推进第二个百年奋斗目标的有机衔接，乘势而上开启贵州全面建设社会主义现代化新征程，谱写中华民族伟大复兴中国梦贵州精彩篇章，无疑是具有重要价值和深远意义的。

"中国减贫奇迹的贵州路径"丛书，涵盖了贵州在决战决胜脱贫攻坚特殊历史时期的重大创造、重大决策和实践创新。"中国减贫奇迹的贵州路径"丛书在《五步工作法：贵州脱贫攻坚的实践》和《八要素：贵州农村产业革命的实践》两本书的基础上，续编出版《六个转变：以十二个产业为重点振兴农村经济的贵州新路》《六个坚持：搬迁扶贫一步跨千年的贵州创举》《组组通硬化路：打通连接山里山外致富路的贵州壮举》《民生"3+1"：教育医疗住房饮水的贵州保障》《党建扶贫：聚焦聚力抓具体抓深入的贵州会战》《千年之变：中国减贫奇迹的贵州故事》《旅游扶贫：谱写生态美百姓富的贵州传奇》《基本经验：中国减贫奇迹的贵州缩影》等八本书籍，整体形成十本书的系列丛书。系列丛书的编写工作得到了省领导的大力支持和精心指导。成立了由李建同志任主编、李裴同志和陈朝伦同志任执行主编的系列丛书编委会，统筹推进系列丛书编写工作。省乡村振兴局给予了编写工作大力支持。编委会在省政府发展研究中心成立系列丛书编写工作联络联系小组，从中心农村部和贵州财经大学绿色发展战略研究院（贵州绿色发展战略高端智库）抽调专人办公，负责系列丛书编写出版工作的日常事务。编委会邀请了王瑞军、谢一、田洪、汤正仁、杨军、程进、高刚、王永平等领导和专家对系列丛书书稿进行了指导和咨询。系列丛书编写过程中得到了省教育厅、省工信厅、省住房和城乡建设厅、省交通运输厅、省农业农村厅、省水利厅、省卫生健康委、省生态移民局、省林业局、贵州日报报刊社、省社会科学院、贵州出版集团、贵州人民出版社有限公司以及贵阳市、遵义市、六盘水市、安顺市、毕节市、铜仁市、黔东南州、黔南州、黔西南州等单位的积极支持和高效配合。

"中国减贫奇迹的贵州路径"丛书的编写出版，各本书分别组织了编写小组，负责编写任务的落实。《六个转变：以十二个产业为重点振兴农村经济的贵州新路》由省农业农村厅赵雪峰等负责编写；《六个坚持：搬迁扶贫一步跨千年的贵州创举》由省政府发展研究中心刘思哲等负责编写；《组组通硬化路：打通连接山里山外致富路的贵州壮举》由贵州财经大学张再杰等负责编写；《民生"3+1"：教育医疗住房饮水的贵州保障》由省社会科学院王兴骥等负责编写；《党建扶贫：聚焦聚力抓具体抓深入的贵州会战》由省委政策研究室陈成等负责编写；《千年之变：中国减贫奇迹的贵州故事》由贵州日报报刊社冉斌等负责编写；《旅游扶贫：谱写生态美百姓富的贵州传奇》由贵州财经大学杨春宇等负责编写；《基本经验：中国减贫奇迹的贵州缩影》由贵州省政府发展研究中心陈贤等负责编写。

　　"中国减贫奇迹的贵州路径"丛书或有疏漏之处，敬请阅者见谅。

2021年4月21日